Le Livre de Poche Jeunesse

LES DOUZE TRAVAUX D'HERCULE

Récits des temps mythologiques

Gabriel Aymé

LES DOUZE TRAVAUX D'HERCULE

Récits des temps mythologiques

Les principaux dieux de la Grèce

Au commencement furent : CHAOS – qui donna naissance à *Érèbe* (les Ténèbres infernales), *Nyx* (la Nuit), *Héméra* (le Jour), *Aether* (le Ciel supérieur) –, ÉROS (l'Amour), GAIA (la Terre), OURANOS (le Ciel proche de la Terre)...

Ouranos engendra avec Gaia : les GÉANTS-AUX-CENT-MAINS, les CYCLOPES, les TITANS et les TITANIDES. Ouranos donna aussi naissance aux ÉRINYES, déesses de la Vengeance chargées de châtier les criminels. Gaia, de son côté, eut bien d'autres enfants, comme le GÉANT ANTÉE, les MONSTRES ÉCHIDNA et TYPHON, ou PONTOS (le Flot).

— L'aîné des Titans, OCÉAN (l'Eau qui est censée entourer la Terre), engendra avec la Titanide TÉTHYS (la Mer féconde, équivalent féminin de Pontos) : les *Fleuves* et les *Océanides* (les Sources et les Ruisseaux).

— Le plus jeune des Titans, CRONOS, engendra avec la Titanide RHÉA les premiers dieux de l'Olympe *: Hestia, Déméter, Héra, Hadès, Poséidon* et *Zeus.*

— HYPÉRION, autre Titan, engendra avec la Titanide THÉIA : *Hélios* (le Soleil), *Sélénè* (la Lune), *Éos* (l'Aurore).

— JAPET, autre Titan, engendra *Atlas* et *Prométhée.*

À côté de ces divinités primordiales, le DESTIN, qui régit la vie des humains et contre les arrêts duquel Zeus lui-même ne peut rien. Il est représenté par les KÈRES ou MOIRES, les trois filles de la Nuit *: Atropos, Clotho* et *Lachésis.* La première file la vie humaine, la deuxième l'enroule sur sa navette, et la troisième la coupe. Arrive alors *Thanatos* (la Mort), fils de la Nuit et frère d'*Hypnos* (le Sommeil).

Les Olympiens

Première génération

HESTIA : vierge, déesse du Foyer familial.

DÉMÉTER : déesse de la Terre cultivée et donc des Moissons.

HÉRA : épouse de Zeus, déesse des Femmes mariées.

HADÈS : dieu des Enfers.

POSÉIDON : dieu de la Mer.

ZEUS : dieu des Nuages et du Tonnerre. Sans être tout-puissant, il est le supérieur incontesté des autres dieux.

Deuxième génération

ARÈS : fils de Zeus et Héra. Dieu de la Guerre.

HÉPHAÏSTOS : fils de Zeus et d'Héra. Laid et boiteux. Dieu du Feu et donc des métiers du feu.

ATHÉNA : fille de Zeus et de l'Océanide Métis. Vierge guerrière protectrice des Cités, mais aussi déesse de la Sagesse et de l'Artisanat.

APHRODITE : fille de Zeus et de l'Océanide Dionè. Déesse de l'Amour.

APOLLON : dieu solaire, fils de Zeus et de Léto (fille du Titan Cœos). Dieu des Arts et donc de la Poésie et de la Musique (il inventa la cithare).

ARTÉMIS : déesse lunaire, sœur jumelle d'Apollon. Vierge guerrière et chasseresse, déesse de la Nature sauvage.

PERSÉPHONE : fille de Zeus et de Déméter, épouse d'Hadès et donc déesse des Enfers.

HERMÈS : fils de Zeus et de Maia (fille d'Atlas), inventeur de la lyre et de la flûte. Messager de Zeus et donc dieu des Voyageurs.

DIONYSOS : fils de Zeus et de Sémélè (petite-fille d'Arès et d'Aphrodite). Dieu du Vin et du Renouveau de la nature au printemps.

Avant-propos

Zeus, le patron incontesté des douze dieux de l'Olympe, avait, entre autres défauts, celui d'être volage. Grand coureur de jupons devant l'Éternel – c'est-à-dire devant lui-même ! –, il usait et abusait de toute sorte de subterfuges pour séduire déesses ou mortelles. C'est ainsi que, s'étant pris d'une passion soudaine pour une jeune et vertueuse beauté du nom d'Alcmène, il adopta l'apparence et la voix de l'époux de celle-ci, Amphitryon, pour partager sa couche le temps d'une nuit.

Neuf mois plus tard, Alcmène mettait au monde Héraclès, autrement dit Hercule. Au grand dam d'Héra, la très jalouse et vindicative épouse de Zeus, qui, au courant de la liaison pourtant éphémère de son divin mari avec l'humaine Alcmène, prit immédiatement en grippe le nouveau-né. D'autant que le dieu Hermès, qui n'était pas à une facétie près, enleva quelques instants le bébé à sa mère pour lui faire téter le sein d'Héra endormie et le rendre ainsi immortel. Inutile de décrire la fureur d'Héra à son réveil ! De quoi étaient pourtant coupables Hercule et sa mère ? La haine ne fait jamais bon ménage avec la raison et la justice, chez les dieux comme chez les hommes...

Bref, les ennuis sérieux d'Hercule commençaient.

Ils avaient même commencé dans le ventre de sa mère. Zeus ayant décidé, pour faire plaisir à Alcmène et Amphitryon, que le premier enfant qui naîtrait cette année-là dans la race des Perséides (les deux époux descendaient de Persée, un des premiers fils de Zeus) aurait le privilège de régner sur les villes d'Argos, Mycènes, Tirynthe et autres lieux du Péloponnèse, Héra fit retarder l'accouchement d'Alcmène pour qu'une autre descendante de Persée, Nicippè, accouchât la première. Peu avant Alcmène, Nicippè mit en effet au monde un garçon du nom d'Eurysthée, qui bien involontairement rafla la mise et priva Hercule de l'héritage que Zeus lui destinait, mais qui s'en accommoda sans état d'âme en grandissant.

Non contente de cette iniquité, Héra, pour faire bonne mesure, jeta dans le berceau d'Hercule deux serpents venimeux que par bonheur il réussit à étouffer dans ses deux mains potelées, laissant ainsi augurer qu'il ferait preuve, plus tard, d'une force... herculéenne !

Hercule reçut une solide éducation morale et intellectuelle de son maître, le sage Rhadamanthe. Il apprit le maniement d'armes, mais aussi la musique. Tous les dieux ne partageaient pas les préjugés d'Héra à son égard, et il eut notamment pour l'aider Apollon, Héphaïstos, Hermès, la déesse Athéna, qui lui firent cadeau le premier de son arc et de ses flèches, le deuxième de sa cuirasse dorée, le troisième de son épée et la quatrième d'une superbe tunique. Hercule eut beaucoup d'amis chez les autres héros et les humains : Iolaos, son neveu, fils de son demi-frère Iphiclès, célèbre conducteur de chars, qui l'accompagna souvent dans ses aventures ; Thésée, qui tua le Minotaure ; Admète, le roi de Phères en Thessalie...

Bel athlète à la carrure impressionnante et d'une poigne sans égale, bâti à chaux et à sable et dur au mal, courageux, efficace et obstiné, généreux et serviable, protecteur des opprimés, respectueux des dieux... et même d'Héra, gai compagnon, grand bâfreur et franc buveur, fidèle en amitié... plus qu'en amour – sans doute l'hérédité ! –, mais aussi, malheureusement, trop prompt à la colère, et à la colère aveugle et dévastatrice, Hercule est peut-être de tous les héros de la mythologie – c'est-à-dire de tous ceux qui avaient pour vrai père un dieu et pour mère une mortelle – le plus populaire, celui qui excita le plus l'imagination des auteurs de l'Antiquité grecque et romaine.

Aussi, plutôt que de répertorier et résumer les mille et une fantastiques aventures d'Hercule, contentons-nous ici de nous intéresser à l'acharnement sadique de l'implacable Héra à son endroit. Le plus abominable reste, en effet, à venir !

Hercule ayant épousé Mégara, fille de Créon roi de Thèbes, et ayant eu d'elle plusieurs enfants, Héra lui laissa entendre, un beau jour, que ses enfants n'étaient pas de lui mais de son cousin Eurysthée ! Et comme si cela ne suffisait pas, elle frappa soudain Hercule de folie furieuse. Le malheureux, dans son égarement incontrôlable, prit ses enfants et les jeta dans le feu, à la grande jubilation de la déesse ! Quand il recouvra ses esprits, Hercule fut si horrifié de son forfait qu'il songea à se donner la mort, et accepta, en guise d'expiation, d'aller se mettre au service de l'homme qu'il aimait le moins au monde, Eurysthée ! Celui-ci passait d'ailleurs pour être aussi vaniteux que sournois et lâche. On raconte que sa lâcheté était telle qu'à la moindre alerte il courait se réfugier au fond d'une jarre. Et c'est son peu ragoûtant serviteur, Coprée – « la Merde » en grec –, qui servira souvent d'intermédiaire entre les deux cousins. Les réactions d'Hercule peuvent être si violentes ! Eurysthée ayant refusé d'entériner deux des dix « travaux » auxquels Hercule avait été primitivement condamné, ce dernier fut contraint d'en effectuer douze, à la moyenne d'un par an !

Bien sûr, la plupart des écrivains de l'Antiquité, depuis Homère au IXe siècle avant J.-C. jusqu'à Lucien au IIe siècle de notre ère, ont raconté, chacun à leur façon, peu ou prou de la saga d'Hercule. Multiples sont donc les versions différentes et parfois contradictoires des événements, des lieux et des personnages qui ont, sans souci chronologique, jalonné sa vie trépidante, depuis sa conception jusqu'à son destin posthume aux côtés des dieux – y compris d'Héra enfin réconciliée. Il fallut même attendre un recueil très anecdotique et très complet de récits mythologiques d'un auteur anonyme du Ier siècle après J.-C., pour distinguer les travaux du reste de l'épopée herculéenne et en dresser la liste. On donna à ce substantiel et fourmillant recueil le titre de *Bibliothèque d'Apollodore,* sans doute pour honorer l'historien athénien de ce nom qui, au IIe siècle avant J.-C., fut un mythographe d'une grande rigueur scientifique. Le nombre définitif de douze travaux relève d'une tradition plus récente encore. Quant à leur ordre, six se déroulant dans le Péloponnèse et six se déroulant ailleurs, il reste possible de le modifier à l'intérieur de ces deux groupes.

Ce sont donc ces douze travaux forcés auxquels fut condamné Hercule pendant douze années de galère que je vais vous raconter, en privilégiant arbitrairement telle version et tel détail. Si certains de ces travaux se révèlent particulièrement chargés en digressions, c'est souvent parce que, les auteurs de l'Antiquité ne nous en ayant pas dit plus sur l'anecdote centrale, il m'a semblé intéressant de l'étoffer avec des descriptions et des dialogues, pour votre plus grand plaisir de lecteurs, du moins je l'espère.

J'ai enfin choisi de ne pas remplacer les noms des dieux grecs par leur équivalent latin, même mieux connu, et c'est ainsi que Zeus n'est pas devenu Jupiter, Héra : Junon, Déméter : Cérès, Hadès : Pluton, Poséidon : Neptune, Aphrodite : Vénus, Héphaïstos : Vulcain, Hermès : Mercure, Artémis : Diane, Athéna : Minerve, Arès : Mars, etc.

Je remercie, comme il se doit, tous les auteurs grecs et latins sans l'imagination merveilleuse desquels je n'aurais pu écrire ce livre, et notamment le plus ancien d'entre eux, Homère, pour son « Aurore aux doigts de rose et à la robe couleur safran ».

1

Hercule et le lion de Némée

En ce matin d'été cher à Déméter, déesse des Moissons, un soleil conquérant prenait possession de Tirynthe-aux-belles-murailles. De chaque côté des rues étroites et encombrées de chariots, d'animaux, de matériaux et marchandises de toute sorte, ateliers et boutiques bruissaient déjà de l'animation habituelle à une cité active et commerçante.

Sans trop se soucier de la foule bavarde qui s'affairait dans des odeurs d'épices et de friture, mais en souriant dans sa barbe aux commentaires flatteurs de ceux, nombreux, qui le reconnaissaient, Hercule montait allègrement la rue principale qui menait à l'acropole. On désignait ainsi, en Grèce, le vaste ensemble fortifié de temples et de palais qui, établi sur une éminence naturelle, dominait toute la cité et la défendait en cas de besoin.

Parvenu au sommet de la rampe d'accès, le héros fit une pause pour regarder à ses pieds la populeuse et laborieuse Tirynthe, étincelante de blancheur au milieu de la riche plaine d'Argolide, et, vers le sud, toute proche, la mer poissonneuse. Puis, salué par les deux sentinelles, il franchit la porte du mur d'enceinte. Il en apprécia aussitôt, en connaisseur, l'épaisseur prodigieuse. Les remparts de l'acropole de Tirynthe étaient les plus impressionnants qu'il fût donné de voir. D'une largeur de dix mètres et plus par endroits, pour une hauteur équivalente, ponctués de tours et de bastions qui en accentuaient encore l'aspect colossal, ils avaient été construits par les Cyclopes eux-mêmes, géants seuls capables d'empiler des blocs de pierre de treize tonnes.

Pour atteindre le palais royal dont le fleuron architectural était, comme on s'en doute, le temple d'Héra, Hercule dut emprunter une enfilade de portes et de terrasses qui lui firent longer sans fin des ateliers, des entrepôts, des édifices administratifs. Il passa ensuite sous deux superbes porches, décorés de deux colonnes à chapiteaux, et gardés par des sentinelles impassibles. Aux ouvriers et servantes empressés qui, depuis son entrée dans la citadelle, le saluaient avec respect et affection, il répondait affable :

« Bonjour, les enfants. Non, je regrette, mais pas d'autographes aujourd'hui. Je ne suis pas en avance ! Puisse votre maître Eurysthée, qui ne vous vaut pas, ne pas trop vous faire transpirer ! »

À l'angle d'un bâtiment qu'il tourna au pas de charge, sans crier gare, Hercule heurta de plein fouet et renversa cul par-dessus tête Coprée, le répugnant et nauséabond Coprée, l'homme à tout faire et l'âme damnée du roi.

« C'est ce qui s'appelle, de ma part, une belle entrée... en matière ! s'exclama le héros avec à-propos. Marcher dedans porte bonheur ! »

À moitié assommé, Coprée se releva et maugréa de vagues excuses qui n'en étaient peut-être pas. Puis il fit demi-tour et s'en retourna en titubant prévenir son maître. Hercule le suivit des yeux, fort réjoui de l'incident.

Parvenu enfin dans la première et immense cour intérieure du palais, entourée d'un portique sobre et élégant, il s'arrêta pour s'incliner religieusement devant l'autel dédié à Héra, puis il gagna, en face de lui, le vestibule à colonnade qui donnait accès à la grande salle d'apparat du palais. Lui, qui en avait pourtant vu d'autres, fut impressionné par sa superficie – cent mètres carrés au bas mot – et la somptuosité de son mobilier et de sa décoration. Au-dessus des plinthes sur lesquelles couraient palmettes et rosaces, les murs étaient couverts, jusqu'au plafond à caissons, de fresques aux couleurs vives. Elles représentaient des animaux, surtout des chevaux, magnifiques, dans une végétation exubérante, des personnages aussi, et particulièrement le roi Eurysthée lui-même, imposant et majestueux, debout sur son char de guerre, à la proue de son navire amiral, perçant de sa lance un sanglier, sacrifiant un taureau aux dieux... L'artiste avait flatté son commanditaire. Hercule sourit en songeant au contraste entre la fiction et la réalité. Un bruit de pas le tira de sa contemplation.

Prévenu par Coprée, le roi venait à sa rencontre, juché sur de hauts cothurnes d'une élégance efféminée, avec une certaine gêne dans la démarche et le regard. Eurysthée n'était qu'un petit homme frêle, sans âge et sans relief, à la tournure ridicule, flottant dans une tunique pourpre brodée d'or trop large pour lui. Derrière un visage imberbe outrageusement fardé, on devinait un être insignifiant et veule, mais que la griserie du pouvoir et la protection inconditionnelle d'Héra pouvaient rendre arrogant et dangereux.

Hercule, en le voyant si grotesque, eut une moue

de dégoût qu'il ne tenta même pas de dissimuler, mais c'est d'un ton de soumission affectée qu'il articula :

« À tes ordres, roi Eurysthée !

— J'ai failli attendre, fils d'Alcmène ! lui répondit celui-ci d'une voix qu'il s'efforça de rendre ferme et distante. Je te sais gré d'arriver tout équipé, mais quelle idée, par cette canicule, de porter sur ta tunique, pour venir ici, cette étincelante cuirasse dorée ! Serait-ce que tu n'as pas trouvé d'autre moyen pour "briller" en société ? »

Il n'eut pas plus tôt prononcé ces paroles que sa couardise congénitale les lui fit regretter. Les yeux d'Hercule lancèrent en effet des éclairs qui, s'ils avaient été ceux de son père Zeus, eussent aussitôt réduit Eurysthée en cendres.

« Je ne suis pas obligé de supporter tes sarcasmes de roi glabre ni tes finesses de commis voyageur, fils de je ne sais plus qui ! articula le héros d'une voix blanche. Dis-moi ce que tu attends de moi, et qu'on en finisse ! »

En lançant ces derniers mots, il fit un pas en avant, sa main large comme un battoir levée telle une menace. Le chétif roi de Tirynthe recula précipitamment en tremblant, et incapable de crier « À la garde ! », il allait même se laisser choir, anéanti, sur les dalles carrées du sol, quand il sentit des doigts légers effleurer d'une chiquenaude le haut de sa tunique.

« Tu avais une méchante mouche posée là, dit Hercule avec douceur, et je me suis permis de la chasser ! Les gens de ton espèce attirent les mouches ! »

Quand il comprit que son vis-à-vis n'oserait rien contre lui, Eurysthée reprit un peu d'assurance, mais c'est après avoir tourné plusieurs fois sa langue dans sa bouche qu'il expliqua :

« Voici, de par la volonté des dieux dont je ne suis que le modeste exécuteur, quel sera ton premier travail. Dans les environs de ma bonne ville de Némée, un lion, depuis quelque temps, met à mal mes troupeaux et mes gens. Outre que cela fait désordre, ce n'est bon ni pour les rentrées d'impôts, ni pour le tourisme. Si cela continue, les jeux sportifs et musicaux qui doivent s'y dérouler l'été prochain, comme tous les deux ans, ne pourront avoir lieu, et ce serait fâcheux pour le comité d'organisation ! »

« Ce serait surtout fâcheux pour toi, songea Hercule. D'aucuns pourraient bien en avoir assez de ton laxisme et de ton incompétence. »

Les Jeux néméens étaient, à coup sûr, parmi les plus célèbres de Grèce. Chaque cité s'enorgueillissait d'y envoyer ses meilleurs athlètes et pilotes de chars, qui s'y produisaient dans un stade et un hippodrome archicombles, ou ses meilleurs musiciens, qui, dans un théâtre à l'acoustique parfaite, enchantaient les oreilles des mélomanes les plus exigeants. Interdire ces Jeux à cause d'un lion errant était une décision difficile à envisager.

Après un moment de silence, comme s'il cherchait une solution au problème, Eurysthée lâcha enfin ce qu'il voulait dire depuis le début :

« Va là-bas, tue ce fauve, et rapporte-moi sa dépouille !

— Quoi ? C'est pour une banale chasse au lion que tu me déranges ? La chasse est-elle donc un travail et bouderais-tu ce qui est, en fait, un plaisir royal ?

— C'est que, vois-tu, Hercule, expliqua Eurysthée embarrassé, il ne s'agit pas en l'occurrence d'un lion ordinaire comme il y en a tant dans nos montagnes, qui se nourrit une fois par semaine d'un bœuf et passe le reste du temps à digérer en bâillant. »

Eurysthée fut agité d'un tremblement imperceptible et il déglutit péniblement avant de se décider à poursuivre :

« Celui qui ravage la région de Némée a un fantastique pedigree. Si mes services de renseignements ne me trompent pas, il serait le fils d'Orthros, le chien-serpent, et d'Échidna, la femme-vipère.

— La vouivre ! la dévoreuse d'hommes ! s'exclama Hercule.

— Elle-même. Son fils aîné n'est autre que le Sphinx qui, aux portes de Thèbes, dévore les voyageurs au Q.I. trop faible pour résoudre les énigmes qu'il leur pose. Triste époque que la nôtre, Hercule, qui voit les monstres envahir la planète !... Bien sûr, j'aurais pu lever une armée, mais puisque tu es à toi tout seul une armée... et que tu es à mon service pour quelques années, si je puis me permettre de te le rappeler... »

Hercule en savait assez. Il tourna les talons sans prendre congé. Le roi le suivit des yeux en se frottant les mains, un méchant sourire aux lèvres.

« Si tu en réchappes, murmura-t-il avec volupté, je me plaindrai à Typhon, l'ancêtre de tous les monstres ! Hi, hi, hi !

— Hi, hi, hi ! » fit en écho Coprée derrière lui.

*
* *

À peine trente kilomètres séparaient Tirynthe de Némée, une promenade de santé pour Hercule. Après s'être arrêté à Argos pour se restaurer et s'octroyer une petite sieste, il remonta quelque temps le cours de l'Inachos, passa sans souffler devant la citadelle de Mycènes et prit, sur sa gauche, dans les collines de chênes verts, la route de Némée.

Plus il approchait de cette paisible bourgade d'éleveurs, plus il fut étonné de n'apercevoir, malgré une végétation propice, ni troupeaux ni bergers. Il ne croisa même pas le moindre voyageur ou marchand ambulant sur cette voie pourtant fréquentée.

Le soir commençait à tomber quand il déboucha enfin dans l'étroite vallée d'une lieue de long sur une demi-lieue de large, au fond de laquelle cavalcadait la Némée, tout juste jaillie de sa source, pour aller se jeter là-bas vers le nord, dans le golfe de Corinthe. De part et d'autre du torrent, dans les prairies à l'herbe anormalement haute, aucun de ces bœufs gras qui, lors des foires agricoles, font la renommée de cette vallée bénie des dieux. De cinq cents à plus de mille mètres d'altitude, la ligne de crête fermait tout autour l'horizon.

Derrière les cyprès du temple de Zeus, les premières maisons de Némée apparurent, à flanc de montagne, parmi les vignes et les oliviers, dorées dans le couchant. Aucun bruit de forge ou de charroi, aucun aboi de chien ou hennissement de cheval n'indiquait les abords d'une cité. Seuls le bourdonnement des abeilles et le croassement des corneilles emplissaient l'air surchauffé. Un aigle royal traçait lentement des cercles dans le ciel, au-dessus des terrasses vides. « Serait-ce Zeus en tournée d'inspection ? » songea Hercule, la gorge soudainement sèche, et il força l'allure. Aucun char à l'entraînement dans l'hippodrome, aucun coureur dans le stade pourtant déjà plongés dans une ombre propice. Aucun signe de vie non plus dans les rues bizarrement désertes ni derrière les murs des maisons. « Ont-ils donc tous fui ou sont-ils tous morts ? » murmura Hercule, la main sur la poignée de son épée. Un chat noir squelettique, assis à l'angle d'une pauvre demeure en pierres sèches, le regardait approcher d'une prunelle effarée. Quand Hercule vit cet animal rare en Grèce à cette époque, il soupira d'aise et comprit que c'était là qu'il devait s'arrêter pour la nuit. Sans hésiter, il heurta à l'huis en criant :

« Holà ! Quelqu'un, par Athéna ! »

La porte s'ouvrit aussitôt sur un vieillard vêtu d'une courte tunique rapiécée, à la peau brunie, tannée comme un vieux cuir par tant d'étés et d'hivers au grand air, qui se tenait encore bien droit et ne parut pas le moins du monde effrayé ou surpris. C'est même d'une voix à peine cassée qu'il dit en s'inclinant avec déférence :

« Noble Hercule, sois le bienvenu dans ma modeste maison. C'est un honneur pour moi que tu l'aies choisie. Je m'appelle Molorchos.

— Merci, vieil homme, de ton accueil, lui répondit Hercule qui ne s'étonna pas outre mesure d'être connu même à Némée. Je ne refuserais pas de dîner en ta compagnie. Je n'ai pas parcouru une longue route, mais Hélios, le Soleil, m'a donné soif, et la déesse du Jour, Héméra, fille de la Nuit, s'apprête à rejoindre sa mère. »

Hercule pénétra dans l'unique pièce au sol de terre battue et aux murs décrépis, qu'éclairait une maigre torche de résine. Pour tout ameublement, un matelas d'herbes sèches, deux tabourets et une table au plateau de planches disjointes. Dans l'âtre, visiblement éteint depuis longtemps, une marmite vide. Molorchos referma la porte, prit un gobelet en terre cuite commune, le plongea dans un énorme vase, que les snobs appellent un cratère, rempli d'eau fraîche, et le tendit à Hercule. Celui-ci le vida d'un trait et rota de satisfaction.

« Mets-toi à l'aise, fils de Zeus, dit Molorchos, et prends place à la table pendant que je m'occupe du dîner. »

Le héros posa à terre son balluchon d'éternel voyageur, son arc en cornouiller et son carquois, cadeau d'Apollon, dégrafa sa cuirasse, cadeau d'Héphaïstos, enleva de sa ceinture son épée, cadeau d'Hermès, et allait l'appuyer contre un mur lorsqu'il vit surgir du fond de la pièce Molorchos qui tenait d'une main un poignard à la lame ébréchée, et de l'autre tirait par les cornes un bouc récalcitrant, tout noir et maigrichon, pour le moins aussi vieux que lui-même.

« Que veux-tu faire, l'ami ? s'enquit Hercule, éberlué.

— Ce bouc est le seul bien qui me reste, répondit Molorchos avec dignité. Je sais qu'il ne vaut plus grand-chose, mais je serais déshonoré si je ne l'immolais pas pour ton dîner. Pardonne-moi de n'avoir rien de mieux à t'offrir. »

Hercule fut si ému de ces paroles que sa voix tremblait un peu lorsqu'il murmura :

« Ô homme de bien, grande est ta générosité. Elle me va droit au cœur et ton intention délicate mérite récompense. Je t'en prie, garde ton précieux bouc pour une meilleure occasion. »

Comprenant qu'il allait bénéficier d'un sursis inattendu, l'animal bégaya un chevrotement rauque qui ressemblait à un merci.

« J'ai encore dans ma besace, poursuivit Hercule, quelques provisions de bouche achetées ce midi à Argos et qui devraient nous permettre de tenir au moins jusqu'à demain : du pain, des oignons, des olives, du raifort, des figues, de l'agneau rôti, un jambon de l'Attique, quelques poulpes séchés de l'Eubée, un morceau de féta d'Arcadie, une amphore de vin de Crète, trois... »

Il fut interrompu dans son énumération par un

énorme rugissement, d'autant plus impressionnant qu'il était lointain, qui se répercuta dans la vallée comme un roulement de tonnerre.

« C'est l'heure où le fauve va boire », commenta laconiquement Molorchos.

« L'exterminateur se rappelle à ma mémoire ! » songea Hercule qui n'en déballa pas moins ses victuailles sur la table.

Le vieil homme, habitué à la sobriété forcée de ceux auxquels la Fortune ne sourit plus, mangeait lentement, en silence, savourant chaque bouchée. Son hôte, lui, s'empiffrait sans complexes en racontant ses aventures avec truculence. Une fois rassasié, il s'essuya la bouche d'un revers de main, et se décida à entrer enfin dans le vif du sujet :

« Parle sans crainte, Molorchos. Je veux savoir en détail pourquoi Némée est devenue une ville morte.

— Il y a longtemps que je ne crains plus rien, dit le vieillard en soupirant. Depuis que mon fils unique, la lumière de mes jours, ma seule raison de vivre, est mort dévoré dans la montagne. Et avec lui, mes bœufs, mes moutons et mes chèvres. Je n'ai désormais plus rien que mes yeux qui ne peuvent plus pleurer. Beaucoup d'hommes robustes sont morts comme mon fils, mais aussi beaucoup d'enfants, une gâterie pour la Bête. Même un transporteur routier avec son attelage au complet. Même une vieille femme qui allait à la glandée. Et quasiment, bien sûr, tout le cheptel de la ville. La plupart des survivants ont préféré quitter Némée. Ceux qui, comme moi, sont restés survivent terrés au fond de leur plus profonde cave. Y compris les soldats de la citadelle, le casque enfoncé sur les yeux et les oreilles pour ne plus rien entendre ni voir...

— À quoi ressemble donc ce lion insatiable ? demanda Hercule.

— Personne n'en sait trop rien. Ceux qui l'ont vu de près ne sont pas revenus pour témoigner. Ceux qui l'ont vu de très loin en ont été si traumatisés qu'il est impossible d'ajouter foi à leurs descriptions. Ils prétendent qu'il est plus gros qu'une maison et que sa gueule crache des flammes... Que te dire d'autre ? Seul un miracle des dieux pourrait nous sauver ! »

Molorchos baissa la tête et se tut.

« Je serai ce miracle », dit modestement Hercule en tapotant la main du vieillard.

Les ailes sombres de Morphée, fils du Sommeil, s'étaient depuis longtemps repliées sur Némée. Laissant à son hôte son grabat, Hercule s'endormit, béat, couché à même le sol.

*
* *

La divine Aurore s'avançait vers la verte vallée de Némée pour lui annoncer l'arrivée de la lumière quand Hercule, frais et dispos, s'arma de pied en cap et prit congé de Molorchos.

« Je ne pense pas en avoir pour plus d'une semaine, dit-il avec bonne humeur. Je te confie ma bourse. Si d'aventure je ne suis pas revenu ici dans un mois jour pour jour, c'est que je ne serai plus de ce monde. Dépense alors mon argent et immole ton bouc en mon honneur. Cela me fera plaisir là où je séjournerai, aux Enfers ou sur l'Olympe ! »

Ainsi parla le généreux Hercule, et Molorchos le regarda partir une larme au coin des yeux, lui qui croyait ne plus pouvoir pleurer. Le chat noir squelettique, toujours assis à l'angle de la maison, le suivit d'une prunelle fataliste.

Hercule, en fin stratège, savait qu'il lui fallait aller au-devant de son adversaire, là où celui-ci ne l'attendait pas, et ne pas se contenter de le guetter aux abords de la ville ou du torrent. Le lion ne s'en approchait que le soir, et un combat entre chien et loup, si l'on peut dire, ne tournerait pas à l'avantage du héros. Comment, dans la pénombre, ce dernier pourrait-il tuer son gibier d'une flèche infaillible ?

Passé les prés et les vignes, Hercule atteignit les vergers d'oliviers et de grenadiers, et continua de grimper, de sa démarche souple et régulière, en direction de la forêt de chênes verts. La terre sous ses pas était jonchée d'ossements blanchis par le soleil.

Les monts du Péloponnèse étaient, en ce temps-là, boisés presque jusqu'à leur sommet, avec des taillis inextricables, des gorges profondes et inaccessibles, et la roche truffée d'une multitude de grottes. Malgré son optimisme inébranlable, Hercule ne sous-estimait pas les difficultés de sa mission. Elles l'excitaient plutôt. Il ne tenait qu'à lui de transformer cette traque pénible et dangereuse en partie de plaisir.

Après plusieurs nuits de bivouac à la belle étoile et plusieurs jours de marche et d'affût infructueux, Hercule comprit, en n'entendant plus le moindre rugissement qui aurait pu le mettre sur la voie, que le fils d'Échidna avait flairé sa présence et décidé d'éviter l'affrontement. Pour le fatiguer et l'énerver, sans doute, au point que de chasseur il devienne gibier. Le lion pressentait que son adversaire pas plus que lui-même n'était un être ordinaire.

Un matin pourtant, du haut d'un sommet dénudé où il avait passé la nuit, Hercule aperçut, assez loin en contrebas, un cercle d'une dizaine de vautours immobiles, leur tête déplumée tournée vers une plate-forme rocheuse qu'ombrageait un sapin d'Apollon. En son centre, un lion du plus beau roux, d'une taille impressionnante – encore qu'elle n'eût rien de surnaturel – et dont la gueule ne lançait aucune flamme, était occupé à dévorer tout cru, comme font tous les lions de la Terre qui se respectent, ce qu'Hercule espéra n'être que le cadavre d'un animal sauvage.

Prudemment, le dos au soleil levant, le héros descendit de son observatoire, et quand il ne fut plus qu'à une centaine de mètres du fauve, sortit une flèche en bois de frêne de son carquois, la plaça sur la corde de son arc qu'il tendit, visa posément et tira. La flèche frappa le flanc de l'animal et se brisa net.

« C'est bien la première fois que cela m'arrive ! » murmura Hercule, surpris.

Il prit une seconde flèche, visa de nouveau soigneusement et tira. La flèche percuta cette fois le dos et rebondit dans l'air. Toutes les flèches du carquois y passèrent. Toutes atteignirent leur cible, mais sans plus de succès que les deux premières. Le lion sembla s'en soucier encore moins que des taons qui à longueur de jour le harcelaient, et continua son repas comme si de rien n'était.

« Voilà donc ton secret, fils digne de ta mère ! Tu es un monstre que ta peau cuirassée rend indestructible et qui croit pouvoir dévorer le monde entier en toute impunité. Eh bien, nous allons voir ce que mon épée peut faire à ton museau ! »

Ainsi gronda le vaillant Hercule, puis il dégaina et marcha vers le fauve, sans plus se dissimuler.

À son approche, les vautours, à regret, prirent leur lourd envol. Le lion observa son adversaire d'un regard amusé, se redressa avec majesté sans lâcher ce qui restait de sa proie sanglante, tourna vers lui un postérieur dédaigneux et se dirigea, à pas lents, en se battant les flancs d'une queue désinvolte, vers un fourré dans lequel il s'engouffra. Hercule, médusé, tenant son épée comme un cierge, le regarda disparaître sans réagir.

*
* *

Une semaine plus tard, la chance sourit, pour la deuxième fois, au fils d'Alcmène. Alors qu'il fouillait d'un œil méticuleux un amas de rochers, il vit, allongé à l'entrée d'une vaste caverne, le lion qui prenait le frais en se léchant benoîtement les pattes. Hercule retira de son balluchon la moitié de jambon qu'il réservait pour son souper, l'embrocha au bout de son épée et se porta à la rencontre de son adversaire. Celui-ci ne manifesta ni inquiétude ni agressivité, mais se redressa et recula dans la caverne jusqu'à ne plus laisser dépasser que sa tête à la flamboyante crinière.

« Fils de la belle Échidna et du grand Orthros, lui

dit le héros avec douceur, regarde ce que je t'ai apporté. Oh ! c'est bon, ça ! Mange ! Allez ! »

Il voulait profiter du moment où le lion ouvrirait la gueule afin de gober cette délicatesse, pour lui planter, lui, l'épée au fond de la gorge. Mais celui-ci, d'un puissant revers de patte, envoya promener épée et jambon et se retira, avec un air de dignité offensée, à l'intérieur de ses appartements. Alors le bouillant Hercule l'apostropha en ces termes :

« Sors d'ici, tueur d'hommes et de moutons, dévoreur de femmes et de génisses, dégustateur d'enfants et de cochonnets ! Crois-tu que c'est moi qui vais entrer dans ta puante demeure ? Me prendrais-tu pour un balourd de Béotien à la mamelle ? »

Seul un ronronnement de jubilation lui parvint de l'intérieur de la caverne. Hercule invoqua la sage Athéna pour qu'elle l'aide à retrouver son calme, puis il se mit à entasser devant l'entrée tout ce qu'il put ramasser de bois dans les environs. Quand le bûcher lui sembla suffisant, il y mit le feu et attendit. Quelques instants plus tard, Zéphyr, venu de l'ouest à la rescousse, poussait l'âcre fumée dans la caverne. En se reculant à bonne distance pour ne pas s'irriter la gorge et les yeux, Hercule s'écria :

« Fils de chien, résidu de vipère, je vais t'enfumer mieux que ce jambon que tu as dédaigné ! »

Mais alors qu'il disait cela, quelles ne furent pas sa surprise et sa déception d'apercevoir, sortant de derrière l'amoncellement de rochers, un mince filet de fumée grise ! La caverne n'était qu'un couloir à double issue ! Quand il parvint de l'autre côté, Hercule ne put que regarder le monstre qui, en souplesse, disparaissait au fond d'une gorge insondable.

*
* *

Après encore tant de nuits et de jours qu'il ne voulait plus les compter et pendant lesquels il s'échina, en vain, à retrouver la piste du monstre, Hercule tenta un ultime stratagème. En un tournemain, il déracina d'abord un olivier au tronc bien noueux, qu'il tailla en forme de massue et dont il décora amoureusement le manche de fleurs stylisées et de motifs géométriques. Même aux heures graves, Hercule savait garder une âme d'artiste. Avisant ensuite un jeune faon échappé du massacre et qui gambadait avec insouciance, il s'en empara et l'attacha au tronc d'un chêne, l'arbre de Zeus, qui se dressait, solitaire, au cœur d'une clairière. Que son destin lui plût ou non, le faon ferait la chèvre !

Assis sur la première branche de l'arbre, au milieu du feuillage, Hercule ne bougea plus.

Si la faim fait sortir le loup du bois, il n'y a aucune raison pour qu'il n'en soit pas de même avec un lion, quelque surdoué qu'il soit. Pas plus tard que le lendemain, attiré par les bêlements inquiets du faon, Orthros junior entra dans la clairière. La faim et la cruauté peuvent rendre imprudent le plus circonspect des prédateurs.

Au moment où le fauve bondissait, toutes griffes dehors, sur sa jeune proie, Hercule se laissa choir de tout son poids sur le dos de celui-ci et lui assena sur le mufle un coup de massue tel qu'il eût pulvérisé n'importe quel animal. Interloqué, le lion secoua sa crinière en fléchissant malgré lui sur ses pattes. C'était plus qu'il n'en fallait pour le redoutable Hercule qui, entourant de ses deux bras puissants le cou du monstre, le fit rouler sur le sol. Hercule serra, serra. Le lion se débattit, griffa, rua, se contorsionna... En vain. Quand il comprit qu'Hercule ne le lâcherait plus et que Thanatos, le fils de l'éternelle Nuit, allait voiler ses yeux pour toujours, il exhala une déchirante plainte que l'on entendit, paraît-il, jusqu'aux faubourgs de Mycènes. Hercule serra, serra encore, et le lion de Némée, après un dernier spasme, resta immobile.

« Descends dans le noir Tartare, auprès des tiens ! »

Ainsi parla l'inexorable Hercule, et il desserra son étreinte.

« Si la carcasse revient à Eurysthée, pensa-t-il en

regardant son ennemi terrassé, plus grand encore mort que vivant, la peau merveilleuse, elle, m'intéresse ! Outre que sa couleur s'harmonise parfaitement avec la brillance de ma cuirasse, ses vertus d'invulnérabilité pourraient bien m'être utiles dans l'avenir ! »

Après l'avoir découpée, séchée et tannée selon d'antiques et rapides méthodes artisanales, le héros revêtit, avec quelque solennité, la peau du lion, en commençant par la tête, gueule ouverte, qui lui fit un impressionnant casque à cimier. Puis il prit par une patte ce qui restait du monstre et, en cet équipage, redescendit vers la vallée de Némée.

*
* *

Quand le chat noir squelettique qui se tenait au coin de la maison de Molorchos le vit arriver de loin d'une prunelle concupiscente, il se précipita à sa rencontre en miaulant. Sans doute espérait-il avoir droit à un petit bout de lion ?

Hercule entra chez Molorchos au moment où le vieillard, couteau levé, s'apprêtait à égorger son bouc.

« Ah çà ! dit le héros, c'est donc une habitude chez toi qu'à chacune de mes visites, tu veuilles tuer ton bouc !

— C'est que, fils d'Alcmène, cela fait un mois

que tu es parti à la chasse au lion et tu m'avais demandé de t'honorer si...

— C'est vrai, noble vieillard, mais plutôt que de l'immoler pour moi, rendons-nous sans tarder au temple pour le sacrifier à mon père Zeus, sans le soutien duquel je n'aurais jamais pu vaincre ! »

Ainsi parla Hercule, en fils respectueux et reconnaissant de l'époux tonnant d'Héra.

*
* *

Les clameurs de la foule en liesse, qui, dans les rues de Tirynthe, accompagnaient la marche triomphale du héros vers l'acropole, réveillèrent Eurysthée. De méchante humeur, il courut sur le chemin de ronde où l'avait déjà précédé Coprée.

« Qu'est-ce, serviteur imbécile et fidèle ? Oserait-on fêter quelqu'un d'autre que moi ?

— C'est Hercule, hélas ! qui revient, ô roi !

— Laisse-moi voir. Par Héra, mais quelle horreur ! Qu'est-ce que c'est que cette chose immonde qui le recouvre de la tête aux pieds ?

— La peau du lion de Némée, ô roi !

— C'est d'un goût, vraiment ! Et cette charogne sanguinolente qu'il traîne derrière lui ?

— Ce qui reste du lion de Némée, ô roi !

— Je n'en veux pas, je n'en veux pas ! Hors de ma vue ! Cela va empester tout le palais ! »

Eurysthée se mit à trépigner sur ses cothurnes en serrant ses petits poings de colère.

« Cours, Coprée. Dis-lui de faire demi-tour, que je n'ai pas le temps de le recevoir. Oh, qu'il est laid ! Oh, qu'il a l'air terrifiant ! Oh, que je le hais ! »

Et pendant que Coprée, sans enthousiasme, se précipitait vers la porte de l'enceinte pour empêcher Hercule d'aller plus avant avec son sinistre trophée, Eurysthée courut s'enfermer dans son palais, sa tête couronnée sortant seule de la jarre qui lui servait d'ultime refuge. En déposant cérémonieusement aux pieds du serviteur la carcasse pourrie du fameux tueur d'hommes, Hercule s'esclaffa :

« Bon appétit à toi et à ton maître, Coprée. Et au plaisir ! »

Sous l'œil goguenard des sentinelles et les quolibets du bon peuple de Tirynthe, Coprée, les bras ballants et rouge de confusion, ne put que balbutier :

« Mer-mer-merci. À un de ces jours, fils de Zeus ! »

*
* *

Sans tenir compte de la frousse mémorable causée à Eurysthée, Hercule n'était pas mécontent du bilan de son premier travail. Il avait redonné vie à Némée en la débarrassant d'une calamité sans nom.

Le lion ne serait bientôt plus dans la mémoire des habitants qu'un épouvantail pour petits enfants dissipés, et sa caverne un site touristique parmi d'autres pour les siècles à venir. Mais il avait surtout gagné pour lui seul un superbe manteau de fourrure seyant et efficace contre toutes les intempéries, et une massue redoutable dont il espérait bien qu'elle lui ferait de l'usage. Chacun sait combien coûte le moindre objet façonné à la main dans du bois d'olivier, le bois préféré d'Athéna !

2

Hercule et l'hydre de Lerne

En cet après-midi d'été, une chaleur torride pesait de tout son poids sur le Péloponnèse. Les chambres et les couloirs du palais de Tirynthe étaient silencieux.

Assis sur son trône en marbre de Paros, la tunique de lin relevée sur ses jambes grêles, et les pieds dans une bassine d'eau fraîche parfumée à la rose du Pangée, Eurysthée pensait. Et bien que ses pensées ne fussent pas des plus profondes, il allait tout de même s'y perdre corps et biens quand la divine Héra en personne l'en tira fort à propos :

« Alors, mon petit Eurysthée, on flemmarde ? »

En la voyant, hautaine et majestueuse, soudain debout devant lui, le roi sursauta et bredouilla :

« Toi ici, bonne déesse ? » Puis il bondit de son siège, renversa la bassine et ajouta, conscient du ridicule de sa situation : « Je te salue bien maladroitement. Et pourtant j'étais justement en train de penser à toi.

— Ne dis donc pas de sottises, fils de Nicippè. Tu ne pensais à rien, comme d'habitude ! C'est moi qui pense pour toi. J'y suis bien obligée, soupira Héra, puisque je ne puis compter sur l'aide d'aucun des dieux de l'Olympe. Dans l'affaire qui nous occupe, tous se rangent du côté de mon époux...

— Qu'attends-tu de moi, déesse aux grands yeux de génisse ? » susurra Eurysthée.

Héra la vindicative ne put s'empêcher de sourire. Personne ne lui referait ce compliment avant la lointaine guerre de Troie.

« Je viens te suggérer un deuxième travail pour ce cher Hercule, au cas où tu serais à court d'idée tordue !

— Ordonne et j'obéirai, mère des dieux et des hommes, dit Eurysthée avec humilité.

— Tu sais qu'Échidna a mis naguère au monde l'hydre, un de ses plus beaux enfants monstres, je le reconnais, et si horrible que j'ai décidé de l'élever à mes frais près des sources et des étangs de Lerne, en programmant son éducation pour un unique but : LA MORT D'HERCULE ! »

Héra prononça ces derniers mots avec une telle intensité que le roi de Tirynthe comprit que même un héros n'était décidément que poussière d'homme entre les mains des dieux, et c'est avec une appréhension certaine qu'il osa objecter :

« Ton dessein est prodigieux d'invention, vénérable déesse, mais si je puis me permettre... Pour l'instant ton hydre pollue l'eau dans laquelle elle se baigne et asphyxie de son haleine empoisonnée bêtes et gens qui s'approchent d'elle. Même quand elle dort. Il n'y a pas un seul jour où des notables de Lerne ne viennent se plaindre auprès de moi de ne plus pouvoir aller pique-niquer le soir au bord de l'eau. Le lobby des médecins proteste de ne plus pouvoir prescrire de cures thermales à la fontaine Amymonè et affirme que sa pharmacopée est menacée faute de pouvoir continuer à cueillir la gentiane d'Esculape ou l'eupatoire chanvrine. Le lobby des pêcheurs en eau douce proteste de ne plus pouvoir tendre ses lignes ou ses nasses. Les hommes risquent la mort par morsure ou consommation de poisson empoisonné, et préfèrent laisser les barques pourrir et prendre l'eau. Bref, déesse aux bras blancs, ton hydre est une catastrophe écologique pour le parc naturel et la base de loisirs de Lerne...

— Tu as fini, homoncule chéri ? demanda Héra d'une bouche pincée. Je te trouve la langue bien pendue aujourd'hui ! Tu es assez stupide pour me rabâcher ce que je sais déjà puisque c'est moi qui l'ai voulu ? Rappelle-toi que l'Argolide est ma terre. Les Lernéens n'avaient qu'à s'enduire la peau de la glu sécrétée par la silène géante : c'est radical contre les morsures de serpent. Mais laissons cela. Convoque immédiatement Hercule et ordonne-lui de te débarrasser de l'hydre. Je te promets que s'il échoue je transporterai moi-même mon monstre préféré dans une contrée perdue. Tu es content ? » Héra soupira pour la seconde fois : « Je ne comprendrai jamais pourquoi je suis d'une telle faiblesse à ton endroit...

— Moi non plus, noble épouse du Tout-Puissant, murmura Eurysthée en tortillant le bas de sa tunique.

— Cesse de dire que mon mari est tout-puissant. C'est faux et cela m'agace ! Et arrête de patauger comme tu le fais depuis que je suis là ! »

Ainsi parla l'intraitable Héra. Puis elle haussa les épaules et, s'enveloppant d'une nuée, disparut dans l'Olympe éclatant.

*
* *

« Coprée ! COPRÉE ! Ici, tout de suite ! Au pied ! »

L'homme à tout faire et à ne rien faire d'Eurysthée, qui somnolait dans la pièce à côté pour ne pas incommoder son maître par son odeur, accourut à la voix en traînant ses spartiates.

« Tu as besoin de moi, grand roi ? demanda-t-il d'un air niais.

— Non, je rêvais tout haut, imbécile ! N'attends pas que cette eau s'évapore et éponge-la ! Mais, auparavant, apporte-moi mes cothurnes, ma couronne et mon sceptre clouté d'or, et de quoi écrire : mon style en or et une tablette de cire neuve ! »

Coprée obtempéra avec juste ce qu'il fallait de célérité pour ne pas prendre un coup de pied au derrière.

Quelques instants plus tard, Eurysthée s'efforçait, en tirant la langue, de remplir sa tablette d'un style malhabile. Coprée, qui le regardait avec commisération, crut devoir lui demander :

« Ne préfères-tu pas, seigneur, que j'écrive sous ta dictée ?

— Insinuerais-tu, propre à rien, que je ne sais pas écrire ? lui répliqua Eurysthée, piqué au vif. Non ? Alors, tais-toi. »

Ses directives enfin tracées dans la cire vierge, il apposa son sceau royal au bas de la tablette et la tendit à Coprée en demandant :

« C'est bien toi qui m'as rapporté, hier, qu'Hercule passait ses jours et ses nuits dans une taverne du port de Nauplie ?

— Je m'efforce, répondit Coprée obséquieux, de toujours savoir où se trouve ton ennemi, ô roi !

— Eh bien, va lui transmettre immédiatement cet ordre de mission.

— Par cette chaleur, Majesté ? Mais cela fait au moins quatre kilomètres. Puis-je prendre un char de service ? »

« Le drôle sent mauvais mais ne manque pas d'air ! » pensa Eurysthée, avant d'exploser :

« Et puis quoi encore ? Au prix de l'orge pour les chevaux, moi seul ai droit à un véhicule de fonction. Allez, au trot ! Et longe les murs, si tu ne veux pas que les gamins te lancent des pierres ! »

Coprée, qui avait glissé un œil sur la tablette, se permit une suggestion :

« Dois-je prévenir Hercule que l'hydre qu'il va rencontrer est la demi-sœur du lion de Némée dont il a revêtu la peau ?

— Garde-t'en bien, malheureux ! s'écria le roi, consterné. Si elle a l'esprit de famille, l'hydre n'en combattra que mieux Hercule. Le besoin de vengeance aide à se surpasser. Médite cela en chemin ! »

Quand son messager fut parti, Eurysthée leva les bras au ciel en invoquant Héra :

« Ô déesse incomparable, n'y aurait-il que toi et moi à être machiavéliques ? »

*
* *

Hercule et son neveu Iolaos étaient attablés face à la mer, le dos appuyé au mur de l'auberge *Aux Jardins d'Aphrodite* – enseigne qu'elle devait aux charmes de la patronne et au figuier unique qui poussait près de la porte. Devant eux, deux canthares d'hydromel fermenté. Tout en s'amusant de la voracité d'un pélican dans le port, ils devisaient, en spécialistes des sports, des prochains Jeux néméens, et ils étaient sur le point de se laisser aller à quelques pronostics quand ils virent arriver un Coprée haletant et encore plus couvert de poussière qu'à son lever.

« Tiens, s'écria Hercule. Voici la voix de son maître ! Laisse-moi deviner l'objet de ta course jusqu'ici : Eurysthée est mort ? Non ? Tant pis ! »

Coprée lui tendit la tablette avec, dans son œil vitreux, une petite lueur de plaisir qui n'échappa pas à Hercule.

« Retourne d'où tu viens, fils de hyène. Nous ne t'offrons pas à boire car tu es en nage. Cela pourrait te tuer ! »

Quand le messager se fut éloigné en tirant la

jambe, l'oncle et le neveu se penchèrent avec avidité sur la tablette royale.

« Décidément, mon bon Iolaos, Eurysthée est toujours aussi nul en orthographe ! s'exclama le héros. Mais si nous lisons bien ses instructions, il me propose tout bonnement une excursion mouvementée juste en face, de l'autre côté de la baie d'Argos.

— Avant que l'hydre n'y sévisse, c'était, paraît-il, l'endroit le plus enchanteur du Péloponnèse, fit remarquer Iolaos.

— À qui le dis-tu, mon neveu ! Tu n'étais encore qu'un gosse des rues de Thèbes-aux-sept-portes, tout juste bon à faire enrager ton maître d'école, que j'allais déjà, à mes retours d'expéditions lointaines, me reposer à Lerne. J'aimais souvent m'asseoir auprès de la source Amymonè. C'est mon ami Poséidon lui-même qui l'avait fait jaillir de terre d'un coup de son trident, pour éblouir l'aînée des filles de Danaos, roi d'Argos à l'époque. La région était particulièrement aride, et difficile l'approvisionnement en eau de la ville. Ce cadeau précieux séduisit, tu t'en doutes, la jeune beauté. Hé oui, Iolaos, Amymonè et Poséidon s'aimèrent sur un tapis de capillaires, au bord de cette source...

« Et ce bijou de lac Alcyonien, tout à côté, émeraude d'une eau profonde dans un écrin de verdure exubérante ! J'y allais aussi volontiers, en galante compagnie, si possible – ne ris pas, Iolaos ! –, parce que le rideau d'arbres qui l'entoure nous mettait à l'abri des regards indiscrets. Et lorsque, d'aventure, la nuit, le dieu des Vents Éole soufflait, montait alors, lancinante, des frondaisons, la plainte de sa fille Alcyonè. Elle pleurait, disait-on, la mort de son jeune époux noyé au cours d'une tempête et dont l'écume de la mer avait rejeté le corps sur le rivage de Lerne. En entendant cette lugubre plainte, un délicieux frisson de crainte s'emparait de ma conquête qui n'avait d'autre recours que de se serrer plus fort contre moi ! Combien de fois ai-je remercié Éole et sa fille ! Ah ! souvenirs, souvenirs ! soupira Hercule tout attendri.

— Reviens à l'actualité, mon bon oncle, dit en riant Iolaos. Je te rappelle qu'un travail t'attend !

— Tu parles d'un travail ! Détruire une espèce de calmar géant dont les tentacules seraient remplacés par des serpents, si l'on en croit la rumeur...

— Encore que certains, à Lerne, prétendent que l'hydre a cinquante têtes, donc autant de crachoirs à venin ! précisa Iolaos.

— Ben voyons, pourquoi pas un millier ? Fantasme de myopes qui ne l'ont vue que de loin ! » affirma le héros.

Son neveu, qui le trouvait bien optimiste, crut devoir ajouter :

« Un pêcheur de Lerne affirmait, l'autre jour, sur le marché d'Argos, que ce n'étaient pas des têtes de serpents mais des têtes d'hommes qui s'agitaient, ricanantes, sur des corps de reptiles !

— Sans doute ton pêcheur avait-il sacrifié trop de coupes de vin à Dionysos ! Mais peu importe. Je veux que Lerne retrouve sa sérénité et redevienne le paradis que j'ai connu. Je partirai demain, à la fraîche. »

Ainsi parla le héros sans peur, puis il vida d'un trait son canthare.

« Mon bon oncle préféré..., commença Iolaos après quelques minutes de silence.

— Toi, l'interrompit Hercule, tu as quelque chose à me demander !

— Puis-je t'accompagner ? Tu sais que je ne dispute ma première course de chars aux Jeux que la semaine prochaine...

— D'accord, répondit son oncle qui appréciait le courage du jeune homme, mais à condition que tu te contentes du rôle d'observateur, à distance raisonnable du théâtre des opérations !

— Promis, juré ! » assura Iolaos en renversant son canthare d'excitation.

L'idée d'assister, pour la première fois, à l'une des expéditions d'Hercule le fit résister longtemps à la force d'Hypnos, le Sommeil, fils de la Nuit.

*
* *

L'Aurore s'apprêtait à monter sur son trône quand Hercule et Iolaos s'éveillèrent. Après un bain rapide dans la fontaine de l'auberge et un frugal petit déjeuner de pain d'orge trempé dans du vin et de quelques figues, Iolaos commanda à l'esclave palefrenier de sortir de l'écurie ses deux chevaux blancs fougueux et de les atteler à son char de course dont la caisse était richement décorée des portraits d'Apollon et Athéna. Pendant ce temps, Hercule fourbissait ses armes. Comme on reconnaît le bon artisan au soin qu'il prend de ses outils, on reconnaît le vrai guerrier au soin qu'il prend de ses armes, garantes de sa survie.

« Qu'en penses-tu, Iolaos ? demanda tout à coup le héros. J'ai bien envie d'emporter, à la place de mon épée, cette serpe d'or que j'utilise quand je vais faire les moissons en Thessalie, chez mon ami Admète. N'est-ce pas, d'ailleurs, à une moisson de têtes que je suis convié ?

— Excellente initiative, mon oncle, et j'admire ta décontraction en un semblable moment !

— J'ai confiance en tous les dieux qui me protègent. Comment ne partirais-je pas la fleur à l'arc ? Tiens, à propos d'arc, aide-moi à entourer quelques flèches d'étoupe badigeonnée d'huile. Je pourrais bien tirer, en plein jour, un fameux feu d'artifice ! »

*
* *

Le Soleil grandissant commençait à éclairer de ses rayons le mont Pontinos quand Hercule et Iolaos atteignirent les remparts de Lerne, flanqués de leurs imposantes tours rondes connues dans tout le Péloponnèse. Le palais rectangulaire faisait l'admiration de tous les voyageurs à cause de ses murs de briques crues et de sa toiture en tuile et en schiste bleu, bien différente des terrasses blanches de Mycènes et d'ailleurs.

Du pied du Pontinos où s'étageait la ville, trois sources aux eaux réputées alimentaient les étangs et les marais qui s'étendaient jusqu'à la mer où les Lernéens avaient élevé une statue à Vénus. La plus célèbre et la plus importante de ces sources, l'Amymonè qu'avait tant vantée Hercule à son neveu, se déversait dans la baie par un canal bordé de chaque côté des plus beaux pâturages qui se pussent voir sur tout le littoral. Les trois sources, qui jaillissaient des rochers au milieu d'arbres de haute futaie, avaient donné naissance, entre Lerne et la mer, à une étendue de quelques hectares de terre et d'eau, où croissaient et se multipliaient une faune et une flore aquatiques d'une fabuleuse richesse, pour le plus grand plaisir des amoureux de la paix dans une nature préservée.

« Et une vulgaire grappe de serpents réduirait tout cela à néant si je n'y mettais le holà ! murmura Hercule en contemplant le sublime paysage à ses pieds. Profitons de ce que la ville s'éveille à peine, ajouta-t-il tout haut à l'adresse de son neveu, pour échapper à la curiosité des uns et des autres et nous mettre en chasse sans témoins. Les cigognes quittent les toits pour tenter de se nourrir loin de l'hydre. C'est l'heure ! »

Malgré la végétation dense, Hercule retrouva sans peine le chemin du lac Alcyonien.

« Arrête ici ton char et attends-moi, ordonna-t-il à Iolaos. Comble d'ironie, voici justement un buisson de gattilier sous lequel, dit-on, naquit Héra. En regardant à travers ses branches, tu apercevras très bien la source Amymonè et ne perdras rien du spectacle. Moi, je vais m'en approcher pour tenter de surprendre l'hydre au gîte. »

Ainsi parla l'intrépide Hercule, et chassant de son cœur Phobos le démon de la Peur, il se dirigea avec souplesse vers la source qui chuchotait, toute proche.

*

* *

Prévenu sans doute de son arrivée par un signe de la divine Héra, l'hydre malheureusement l'attendait, ramassée au pied d'un gigantesque platane dont le feuillage recouvrait la source tout entière d'une ombre majestueuse. À la vue du héros à la peau de lion, neuf têtes de serpents, dont une plus grosse que les autres, se dressèrent avec un ensemble parfait, sur un corps écailleux large comme un tambour de colonne, et se mirent à produire en chœur un sifflement si aigu qu'il eût suffi à glacer d'effroi le plus sourd des hommes. Aussitôt, se répandit une odeur fétide qui n'était pas sans rappeler, en plus pénétrante, l'haleine de Coprée avant qu'il mâchât sa première gousse d'ail matinale.

Hercule, sans s'exposer, prit une flèche, l'enflamma, plaça le talon de l'empenne sur la corde tendue de son arc et visa l'une des têtes du monstre en pensant : « Finalement, il n'y en a que neuf là où certains en ont vu cinquante, et bien qu'aussi moches qu'Eurysthée, aucune ne ressemble à une petite tête d'homme. Zeus en soit remercié ! »

Tout à sa concentration, il ne regarda pas en l'air et ne put apercevoir un étrange petit nuage qui se formait, seul de son espèce, dans l'azur.

Dès qu'elles comprirent le geste sans équivoque du héros, les têtes de l'hydre se mirent à s'agiter dans tous les sens, se repliant, se déroulant, à angle droit, en spirale, en parabole, en zigzag... tant et si bien que la première flèche enflammée manqua sa cible et tomba dans l'eau en grésillant. Hercule tenta sa chance une seconde fois : la flèche percuta le corps écailleux mais sans le pénétrer ni lui causer la moindre brûlure. Le fils d'Alcmène allait récidiver sans grande conviction quand l'espèce de tambour de colonne à nonuples serpents quitta soudain le pied du platane, et à une allure folle glissa, tantôt sur l'eau, tantôt sur l'herbe, en direction des marais. Hercule comprit que le monstre voulait l'attirer sur un terrain plus favorable pour lui, mais il n'avait pas le choix. Posant son arc et son carquois, et armé seulement de sa massue et de sa serpe d'or, il courut à la poursuite de son adversaire.

Iolaos, qui n'avait pu que constater, navré, l'échec de son oncle, fit avancer lentement son attelage pour le suivre de loin.

Dans une roselière entourée de nénuphars jaunes et de nivéoles des marais, l'hydre s'était arrêtée pour attendre Hercule. Aucun autre animal dans les environs. Tous les oiseaux avaient fui à tire-d'aile. Hercule prit conscience de ce silence anormal quand il perçut, avec netteté, le bruit pourtant infime d'une mer assoupie venant glisser sur la plage à un kilomètre de là. Sa massue dans la main gauche et sa serpe dans la droite, il entra dans l'eau fangeuse et en trois enjambées se dressa, grandiose dans le soleil, devant l'hydre. De conserve, les neuf serpents se jetèrent sur lui, gueules ouvertes, essayant de le frapper là où ne le protégeait pas la peau de lion. Par bonheur, c'est la cuirasse que les crochets mortels rencontrèrent. La massue écrasa deux têtes et la serpe en trancha une autre. « Et de trois ! » se dit le héros. Mais alors qu'il s'apprêtait à poursuivre son avantage, deux têtes repoussèrent aussitôt à l'emplacement de chaque tête défunte, et c'était maintenant un reptile à douze têtes qui le menaçait de ses morsures mortelles. Sans s'étonner outre mesure du phénomène, Hercule trancha d'un coup heureux trois têtes et en écrasa cinq autres. Dans la seconde qui suivit, vingt paires d'yeux soudain immobiles à un mètre de lui le fixaient pour l'hypnotiser. Hercule eut un instant de vertige et recula en titubant, non sans s'enfoncer dans la vase jusqu'à mi-jambes. L'hydre continuait de le regarder fixement sans bouger.

Iolaos comprit très vite que son oncle était en danger et qu'il lui fallait intervenir sans tergiverser. Descendant de son char, il courut vers un petit bois où les branchages et les broussailles abondaient, et y mit le feu. Puis il arracha quelques tisons enflammés et se précipita dans le marais.

Sûr d'une victoire par asphyxie lente et hypnotisme, l'hydre ne réagit pas. Iolaos hurla :

« Prends ces tisons, mon oncle, et chaque fois que tu détruiras une tête, brûle aussitôt la blessure. La tête ne repoussera plus. »

Hercule se secoua pour chasser la torpeur qui l'envahissait, posa sa massue pour la remplacer par les morceaux de bois incandescents, et dit :

« Merci, beau neveu, mais où diable as-tu appris tout cela ?

— Dans un livre de contes pour enfants, mon oncle ! Attaquez, pendant que je vais chercher d'autres tisons. »

L'air de rien, Éole poussait la fumée de l'incendie en direction du monstre qui, incommodé, se mit à cracher et à fermer les yeux. Hercule en profita. Un coup de serpe, une application de brandon sur la blessure, une odeur exécrable de chair brûlée, mais les têtes tombées ne repoussèrent plus... Grâce aux tisons dont Iolaos approvisionna régulièrement Hercule, il ne resta bientôt plus à l'hydre qu'une seule tête, la plus redoutable.

*
* *

Héra était sortie de l'Olympe en catimini pour ne pas éveiller les soupçons des autres dieux, et elle suivait depuis un moment le combat de sa championne, dissimulée derrière un petit nuage blanc qu'elle s'était confectionné pour la circonstance. Quand elle la vit, contre toute attente, en mauvaise posture, la déesse donna un ordre bref. Aussitôt, derrière Hercule, surgit Carcinos, un crabe de belle taille – que, plus tard, de prétendus spécialistes affirmeraient être plutôt une écrevisse –, et qui prit dans ses pinces la jambe gauche du héros pour la scier d'un coup jusqu'à l'os. Hercule eut fort heureusement le prodigieux réflexe de retirer sa jambe de la vase et de la secouer violemment. Carcinos lâcha prise et, comme il retombait dans l'eau sur le dos, Hercule l'écrasa sans pitié d'un coup de talon rageur. Carcinos avait sacrifié sa vie pour les beaux yeux d'Héra, qui lui en sut gré. Elle le transforma en constellation dans le ciel. Qui ne connaît, parmi les signes du zodiaque, le Cancer ?

La dernière tête de l'hydre ne put résister bien longtemps au régime du coup de serpe et de la cautérisation. Quand, après un sifflement de dépit, elle vola dans les airs pour retomber sur la terre ferme, Hercule sut qu'enfin il avait vaincu et s'extirpa de la vase en respirant à grand bruit. « Il a failli m'avoir, l'animal, bougonna le héros. Pour un adversaire gonflé, ce monstre était un adversaire gonflé ! Une sorte d'hydroglisseur hydrocéphale et hydropique, quoi ! » Puis, avisant un rocher, qui avait roulé des pentes du Pontinos jusque-là, il le souleva et alla le déposer, en guise de cénotaphe, sur la tête de l'hydre qui avait échappé au marais.

« Mon neveu, merci de ton aide, dit-il enfin en serrant Iolaos dans ses bras. Sans toi, la patronne des *Jardins d'Aphrodite* aurait versé ce soir bien des larmes. Le Soleil a déjà atteint le milieu du ciel. Attends-moi une minute que je récupère toutes mes armes. »

Peu après, le jeune homme vit Hercule tremper une à une les flèches qui lui restaient dans le sang empoisonné de l'hydre dont le corps décapité commençait à disparaître dans les marais.

« Vois-tu, expliqua le héros devant le regard étonné de son neveu, ne boudons pas, en matière d'armement, un progrès technique. Mes flèches, désormais empoisonnées grâce au sang répandu par l'hydre, feront mouche même en frôlant seulement leur cible. Mieux vaut tuer à distance quand on le peut. C'est la sagesse même, dirait Arès, dieu de la Guerre ! »

Le petit nuage rond dans le ciel avait soudain disparu.

*
* *

La nouvelle de la mort de l'hydre empoisonneuse parvint à Tirynthe bien avant que Iolaos et Hercule aient regagné le havre de Nauplie. Pressés de questions par une foule curieuse et enthousiaste, et obligés de se laisser toucher par mille mains tendues, comme s'ils étaient des thaumaturges, ils n'avaient pu forcer l'allure de leurs chevaux sous peine de décevoir leurs admirateurs.

Quand Hercule se présenta le lendemain à l'entrée du palais royal pour enregistrer officiellement sa performance, Eurysthée l'attendait en bouillonnant de rage contenue. Dès qu'il le vit, il ne put s'empêcher de vociférer :

« Tricheur ! Tricheur ! Disqualifié ! Disqualifié ! Ce travail ne te sera pas comptabilisé !

— Peut-on savoir pourquoi ? demanda Hercule sereinement.

— Parce que tu t'es fait aider par ce prétentieux de Iolaos ! Je le sais ! Je le sais !

— Ah oui ? Et qui te l'a dit ? Premièrement, le combat s'est déroulé sans témoins... humains. Deuxièmement, c'est moi et moi seul qui ai coupé les têtes de l'hydre. Mon neveu ne fut que mon conseiller technique... à un moment délicat pour moi, je le reconnais !

— Tu avoues ! Tu avoues !

— Si Héra, que je respecte entre toutes les déesses, s'obstine à te souffler ce que tu dois me dire plutôt que de venir me le dire elle-même, j'en appellerai au tribunal des dieux présidé par mon père, Zeus porte-foudre.

— Si je puis oser, bégaya Coprée qui venait de surgir derrière son maître, en droit strict, l'affaire est plaidable, et...

— Tais-toi, fils de chien, explosa Eurysthée en tournant sa colère contre son serviteur. Que sais-tu des lois divines ? Tu n'es pas, comme moi, dans le secret des Olympiens...

— Bon, je vous laisse débattre entre vous, intervint Hercule. Ça sent une drôle d'odeur ici, vous ne trouvez pas ? À l'an prochain, roi Eurysthée, et note-le bien sur tes tablettes : ce sera pour mon *troisième* travail ! »

Ainsi parla l'indomptable Hercule aux yeux brillants, puis il haussa les épaules et s'en retourna en chantant vers les rues chaudes de la ville.

3

Hercule et la biche de Cérynée

Bien qu'Eurysthée fût toujours chaussé de ses cothurnes à semelles épaisses de dix centimètres, dans l'espoir fallacieux de s'en trouver grandi, il n'en était pas moins, comme on dit vulgairement, dans ses petits souliers. Cela faisait, en effet, des semaines qu'il torturait sans résultat son imagination pour trouver quel nouveau et pénible travail il pourrait bien infliger à son cousin Hercule, le tueur de serpents. Et il s'attendait d'un jour à l'autre aux admonestations d'Héra, la redoutable épouse de Zeus assembleur de nuées. Si encore cet imbécile de Coprée lui était de quelque secours !

Comme tous les jours ou presque, Eurysthée, en ce matin de printemps serein, descendait le grand escalier qui, de la cour du palais et de l'appartement des hôtes, permettait de gagner rapidement la nécropole royale, puis le quartier des ateliers et des magasins où logeaient soldats et serviteurs. Le long du chemin dallé, bordé d'arbustes rares et de massifs de tulipes, qui, sur quelques dizaines de mètres, conduisait de l'escalier à la nécropole, le roi s'était fait installer un petit parc animalier avec une volière, un enclos pour les daims et même deux ou trois fosses pour les ours et les grands fauves.

Suivi comme son ombre de Coprée, qui portait un plateau chargé de morceaux de viande, de petits pains et de graines de tournesol, Eurysthée s'apprêtait à aller distribuer quelques douceurs à ses pensionnaires sauvages, mieux lotis, à l'évidence, que la plupart de ses esclaves.

Arrivé au bas des marches, il s'arrêta soudain, comme tétanisé. Coprée, qui ne s'y attendait pas, le heurta de son plateau qu'il renversa à moitié sur le sol. Or, à sa grande stupeur, Eurysthée resta muet, lui qui pour un oui ou pour un non l'injuriait et lui bottait le derrière.

Héra, dans sa plus belle tunique de lin tissée par Athéna, déesse de la Haute Couture, se tenait, hiératique, au milieu du chemin, et son air sévère ne laissait rien présager d'agréable.

« Bonjour, ma vénérée divinité, murmura le roi pour l'amadouer. Que me vaut l'honneur de ton auguste présence, toi sans qui je ne serais rien ? »

Bien sûr, la déesse aux bras blancs n'était visible que d'Eurysthée et, en entendant celui-ci prononcer ces mots, Coprée, quelque surpris qu'il fût, crut qu'ils lui étaient destinés.

« Mon maître est bien bon, répondit-il. Je ne mérite pas tant d'égards ni tant d'éloges, encore que... »

Eurysthée se retourna brusquement en prenant conscience de l'ambiguïté de la situation et se maîtrisa pour ordonner, en soupirant, à son serviteur :

« Remonte au palais. Je veux rester seul. Et va te laver, tu pues !

— Mais je me suis déjà lavé l'an dernier, Majesté, se permit Coprée avec un aplomb inaccoutumé.

— File ou je t'étrangle ! » hurla cette fois Eurysthée.

Coprée se dit qu'il ne comprendrait jamais rien à l'attitude des puissants, et préféra obtempérer. La journée commençait mal.

« Alors, mon cher Eurysthée, tu me sembles bien nerveux ! constata Héra, un pâle sourire aux lèvres.

Cela t'ennuierait-il que ta bienfaitrice vienne te voir au saut du lit ?

— Non, déesse vénérée, répondit le roi avec un tremblement du menton. J'espérais, au contraire, ta visite. Un hiver et un printemps sont passés depuis que...

— Depuis qu'Hercule, le misérable, a tué mon hydre, je ne le sais que trop, l'interrompit Héra. Et pas plus que l'an dernier, tu n'as été fichu de lui trouver une autre occupation ! Écoute-moi bien, enfant ! Puisque tu sembles aimer les animaux exotiques au point d'en élever aux portes du palais, je vais te faire un cadeau... »

Héra se tut un instant pour ménager le suspense et le petit roi se demanda, inquiet, si ce serait du lard ou du cochon. Puis elle reprit :

« J'ai décidé de confier à tes bons soins la biche aux pieds d'airain et aux cornes d'or qu'Artémis, la grande chasseresse, m'a offerte, et qui naguère encore pâturait sur la colline de Cérynée. À condition que ce soit Hercule qui aille la chercher. Et je te garantis qu'avant qu'il puisse l'attraper, ma biche lui causera du souci ! Ne me remercie pas ! Agis, et vite, si tu le peux ! »

Ainsi parla la rusée épouse de Zeus, puis elle disparut dans l'éther en laissant flotter derrière elle un délicat parfum d'iris.

*
* *

Sur convocation transmise d'une main grasse par Coprée, Hercule franchit la porte des Lionnes en tapotant la joue des sentinelles, emprunta la rampe d'accès et, laissant sur sa droite la nécropole, s'arrêta devant le pressoir à huile pour bavarder un instant avec le plus important fabricant d'huile de la ville, puis continua de monter vers le palais et le temple d'Héra. À la hauteur de la volière où pépiaient et jacassaient des centaines d'oiseaux multicolores, Hercule fut désagréablement surpris de voir venir à sa rencontre le roi lui-même, couronne en tête et sceptre en main, tout enjoué, bien qu'il se fût dix fois tordu les chevilles.

« Que me réserve cet hypocrite guidé par Héra ? » se demanda Hercule.

« Salut, Hercule aux yeux brillants, sois le bienvenu chez moi, dit avec une feinte cordialité Eurysthée. J'espère que mon messager, dont je n'excuserai jamais la stupidité, s'est acquitté de sa mission avec la déférence qui t'est due ?

— Parle plus fort, s'il te plaît, cousin, s'écria le héros. Le ramage de ces oiseaux m'empêche d'entendre le tien !

— Allons nous asseoir là-bas, proposa Eurysthée en élevant la voix à son tour. Sous ce grenadier en fleur dont je donnerai les fruits à Héra. Elle les aime tellement... J'ai un immense service à te demander, fils de la chaste Alcmène ! »

« Voilà qu'il reconnaît la vertu de ma mère, au risque de fâcher Héra. Ce n'est pas bon signe ! » pensa Hercule.

« À chacun son luxe, poursuivit le roi. Pour ma part, je rêve depuis longtemps de mettre dans ma ménagerie la fabuleuse biche de Cérynée. Artémis et Héra, qui veulent sans doute récompenser mes mérites, sont d'accord. Peux-tu te charger d'aller la capturer et de me la rapporter... en bonne santé, naturellement ? Cela ne devrait pas te poser de problème, mais je suis prêt à mettre ce service sur le compte des travaux que tu me dois. Aux dernières nouvelles, la biche aurait d'ailleurs quitté Cérynée pour le massif du Ménale. On l'a vue à Œnoé, près du temple d'Artémis. C'est à peine à cinquante kilomètres d'ici !...

— À vol d'oiseau, cousin ! s'exclama Hercule. Autrement dit, tu veux que j'aille séance tenante en Arcadie ? Dans ce pays arriéré, loin de la mer, qui sent la bouse et le crottin ?

— L'Arcadie, un pays de bouseux ? Tu es injuste, dit Eurysthée, déçu de son peu d'enthousiasme. C'est la partie la plus riante du Péloponnèse, tous les voyageurs l'affirment ! Ce ne sont que rivières à truites et frais ombrages, et ses habitants de paisibles pasteurs, beaux comme des Adonis, qui gardent leurs troupeaux enrubannés en composant des vers ou en jouant de la flûte !...

— Tu parles ! s'obstina Hercule, sceptique. Mais soit. J'accepte, comme d'habitude ! Ai-je d'ailleurs un autre choix ?

— Hélas non ! mon cher cousin... »

*
* *

Hercule quitta l'acropole de Mycènes pour regagner sa chambre d'auberge. Une jolie servante l'y attendait, qui l'aiderait à faire ses bagages avec un peu plus d'entrain. En marchant refermé sur lui-même, contrairement à son habitude, Hercule repensa à l'étrange histoire de la biche de Cérynée. Tous ceux qui, dans le Péloponnèse, s'intéressaient aux curiosités locales la connaissaient. La chaste Artémis, au cours d'une mémorable partie de chasse sur les pentes du mont Lycée, avait capturé, au bord d'un torrent tapissé de galets noirs, cinq biches merveilleuses, d'une grande valeur marchande puisque leurs sabots étaient d'airain et leurs bois d'or ; et comme elles étaient, de surcroît, fortes comme des bœufs et de belle taille, la déesse en attela quatre à son char de cérémonie lui-même en or massif. Il faut dire, par parenthèse, que les dieux n'attelaient pas que des chevaux à leurs véhicules. Apollon dans sa jeunesse – pour ne citer que lui – avait utilisé un char volant tiré par des cygnes ! Une nymphette nommée Taygète, pour remercier Artémis qui lui avait rendu un signalé service, offrit de mettre au cou de la cinquième biche un collier sur lequel était gravée cette dédicace : *Taygète m'a consacrée à Artémis*. Une si charmante attention plut tellement à la déesse qu'elle décida non seulement de laisser de nouveau la biche gambader librement dans la nature, mais en plus de punir de mort quiconque oserait la maltraiter. Lorsque Héra vit pour la première fois l'original attelage d'Artémis, et apprit qu'une biche de la même famille errait en liberté, elle fit des pieds et des mains pour que la sœur d'Apollon la lui offrît. Comment d'ailleurs résister à l'épouse peu amène de Zeus ? Artémis céda. « Et voilà pourquoi, dit Hercule tout haut, à l'étonnement des passants, Eurysthée hérite de la biche ! Ah, subtile déesse, tu as programmé tout cela de longue date pour me causer des misères ! Gloire te soit rendue ! »

Dès le lendemain, Hercule se mit en campagne, vêtu seulement de sa courte tunique et de sa peau de lion, avec pour armes sa massue – en cas de mauvaise rencontre au coin d'un bois – et son arc pour tuer quelque gibier en chemin. Même invité chez un hôte, le héros n'aimait pas arriver les mains vides.

*
* *

L'Arcadie, dont Hercule se méfiait, était alors un pays de montagnes boisées, froides et redoutables, pouvant culminer à près de deux mille mètres, avec des plateaux abrupts, sillonnés de vallées suspendues, humides et sombres, propices pourtant à un élevage intensif. Les plaines, étroites mais bien arrosées et ensoleillées, étaient couvertes de riches cultures de blé, d'orge et de lin. En somme, un gigantesque terrain de manœuvres, idéal pour une biche et un athlète hors du commun.

Cela faisait déjà plus d'un mois qu'Hercule ratissait avec méthode cette campagne tantôt plaisante et tantôt hostile, à la recherche du moindre indice qui pourrait le mettre sur la voie de l'animal sacré. Or, ce dernier ne se trouvait jamais là où les passants rencontrés assuraient l'avoir vu pas plus tard que la veille !

Nombreux étaient, certes, les paysans qui se plaignaient des ravages que la biche vagabonde causait aux cultures et aux vergers. Friande de légumes et de fruits, et apparemment dotée d'un solide appétit, il ne lui fallait pas longtemps pour transformer en désert une parcelle particulièrement favorisée par

Déméter. Mais comme tous savaient ne pas avoir le droit de lui faire du mal, ils se contentaient de la chasser de la voix, trop contents de la voir déguerpir pour se soucier de l'endroit où elle sévirait le lendemain.

Sans prétendre avoir les dons divins d'Artémis et Apollon, Hercule n'était pas un chasseur novice, et il avait une confiance inébranlable en son expérience autant qu'en sa bonne étoile. Il lui fallait simplement laisser le temps au temps.

En traversant l'opulente vallée des Trois Cités où prospéraient, du sud au nord, Tégée, Mantinée et Orchomène, Hercule sourit. Il pensait à la querelle qui divisait, depuis des lustres, ces deux dernières bourgades. Véritables sœurs ennemies, elles s'accusaient mutuellement de capter et détourner, chacune à son profit exclusif, les sources du mont Ménale, dans le seul dessein d'assoiffer l'autre. Seules les Naïades qui régnaient sur ces sources auraient pu les départager, mais ce conflit les amusait tellement !

Après une matinée de marche ascensionnelle à travers une immense forêt de chênes où il crut déceler sur le sol l'empreinte fraîche de sabots anormalement développés, Hercule rencontra, assis auprès de sa cahute, un porcher occupé à se confectionner des espadrilles en fibres de genêt. Autour de lui, une centaine de porcs fouissaient la terre en grognonnant. Quand le porcher eut sacrifié aux lois de l'hospitalité, Hercule lui posa la sempiternelle question :

« As-tu vu, l'ami, passer la biche aux pieds d'airain et aux cornes d'or ?

— Pour sûr, répondit le porcher. Il y a deux heures à peine. Elle grimpait par ce chemin. Si tu te dépêches, tu la rattraperas car, passé cette forêt, le sol est dénudé jusqu'au sommet, et la vue porte loin.

— Brave homme, demanda le héros, puis-je t'emprunter cette corde en rameaux de gattilier, souples et solides ? Je pense en avoir besoin plus tôt que prévu.

— Je te la donne, noble Hercule, dit gentiment le porcher. Je sais que tu ne te pendras pas avec ! »

Hercule, ragaillardi, remercia l'homme et reprit sa montée, en forçant l'allure.

Les Nymphes du couchant, filles du Soir, teintaient de mauve l'occident, quand il découvrit enfin le sommet du Ménale, masse déjà sombre sur un ciel encore clair. Et, comme une statue posée sur son piédestal, dressée sur ses quatre fines et puissantes pattes, à la fois orgueilleuse et mutine, la biche de Cérynée, tournée vers son poursuivant, semblait l'attendre.

Bien que fasciné par le spectacle grandiose qu'elle

lui offrait, Hercule n'en perdit pas pour autant son sens pratique, et il se dit : « Ou je me trompe fort, ou c'est Artémis, la vierge chasseresse, et tout le monde avec elle qui se trompent. Mais, par Zeus, cette biche est un cerf ! C'est même un grand dix-cors dont les bois d'or étincellent dans le couchant. Allons-y voir de plus près ! »

Et Hercule, sûr de lui, mettant sa massue sous son bras gauche, fit tourner sa corde dans sa main droite, à la manière d'un lasso. Il eut tort. Quand la biche de Cérynée vit son geste, elle exécuta sur-le-champ, et sans le moindre élan, un bond prodigieux qui la fit disparaître sur l'autre versant. Comprenant, dépité, qu'il n'avait aucune chance de la rejoindre avant la nuit, Hercule décida de camper sur place, enroulé dans sa peau de lion.

*
* *

Des jours durant, le héros infatigable parcourut l'Arcadie de long en large, ballotté comme un jouet entre les pattes de la biche à l'intelligence extraordinaire. Le printemps passa et après lui l'été. Un matin qu'Hercule contemplait, morose, les premières rousseurs de l'automne au pied de l'acropole de Gortys, les curistes de l'établissement thermal qui se rendaient au temple d'Asclèpios – fils d'Apollon et dieu de la Médecine –, tout près du confluent de l'Alphée et du Gortynos, poussèrent de tels cris de stupéfaction et d'admiration que le héros se précipita pour voir la cause d'un tel émoi.

À la sortie de la ville, d'une longue foulée souple et régulière, la biche aux bois d'or se dirigeait, plein sud, vers les pentes du Lycée sacré que dominait le temple de Zeus. Hercule se lança à sa poursuite, mais la forêt dense, une fois de plus, la dissimula à son regard. Il s'apprêtait pourtant à traverser le gras pâturage qui montait jusqu'à l'orée des arbres quand un troupeau de moutons de plusieurs centaines de têtes, suivi de ses bergers et de ses chiens, incapables de le contrôler, déboula de sa droite et se mit à dévaler la pente dans un mouvement d'indicible panique. Et par-dessus le bruit de martèlement des pattes sur le sol, les bêlements de frayeur, les jurons des bergers et les abois des chiens, Hercule entendit soudain avec netteté le son guilleret d'une syrinx reconnaissable entre mille.

Le grand dieu Pan lui-même, le fils d'Hermès et l'ami préféré de Dionysos, venait de se livrer à sa plaisanterie favorite, comme chaque fois qu'il s'ennuyait : jouer sur sa flûte de roseau un air endiablé qui avait le don de rendre fous les troupeaux les plus paisibles et de faire fuir les bêtes dans toutes les directions, au grand courroux de leurs bergers.

Hercule le vit d'ailleurs bientôt sortir de derrière

un buisson de lauriers, hilare, la tête couronnée de pin, plus barbu et plus poilu que jamais, mi-homme, mi-bouc, avec ses sabots fendus qui le rendaient rapide et agile à la course sur les rochers, et ses deux cornes coquines sur le front, terreur des Nymphes et des bergères.

« Salut, celui dont le nom signifie “Qui réjouit le cœur de tous” ! dit Hercule en marchant vers lui. Que t'ont donc fait ces malheureux moutons et leurs gardiens dont tu es censé être le dieu ?

— Les moutons ont eu le tort de me réveiller de bon matin près de la source où je reposais, par leurs stupides bêlements, et leurs bergers celui d'être vieux et laids ! Ah ! s'il s'était agi de bergères mignonnettes !...

— Tu ne te calmeras donc jamais, vieux bouc lubrique ! s'exclama Hercule.

— C'est ma nature, fils d'Alcmène, voulue par les dieux, soupira Pan. Qu'y puis-je, moi qui ai effrayé ma propre mère ? Mais que viens-tu faire sur les pentes du Lycée où j'ai mes demeures ?

— Je poursuis la biche de Cérynée, avoua Hercule. Mais j'ai perdu sa trace.

— Mazette, tu ne te mouches pas du pied ! ironisa Pan.

— Je ne cours pas pour moi mais pour Eurysthée.

— Que me donneras-tu si je te dis quelle direction elle a prise après avoir traversé mes terres ? demanda le rusé Pan dont la face bestiale s'éclaira d'un sourire sardonique.

— Disons que je ne te ferai pas goûter de ma massue, fils d'Hermès, répondit Hercule mi-figue, mi-raisin.

— Quand je pense que tout le monde vante ta générosité, fils d'Alcmène, dit le faune sans perdre sa bonne humeur. Enfin, moi qui ai la chance de connaître le langage des bêtes et des gens, je sais qu'elle galope en ce moment vers le nord, avec l'intention d'atteindre, si besoin est, le pays des Hyperboréens. Elle est persuadée que tes forces ne te permettront pas de la suivre jusque-là.

— Vraiment ? C'est ce que nous allons voir. Partout où elle ira, j'irai, et un voyage jusqu'à l'antre de Borée, le glacial vent du Nord, ne me déplaît pas ! Adieu, Pan. Et merci de ta collaboration désintéressée. »

Alors qu'Hercule marchait à son tour résolument vers le nord, il entendit longtemps résonner à ses oreilles, loin derrière lui, la syrinx ironique du grand Pan.

*
* *

Hercule avançait de son pas égal de randonneur, sans manifester le moindre signe de fatigue ou de découragement, la biche de Cérynée toujours sur le qui-vive devant lui, gardant ses distances, ne le laissant jamais approcher d'elle à plus d'une portée de flèche. L'automne était passé quand chasseur et chassée arrivèrent au pays des Hyperboréens, vaste promontoire au nord de la mer Adriatique.

Hercule se dit que, tout compte fait, la biche avait eu une riche idée de vouloir lui faire passer l'hiver dans ce pays au climat toujours estival, qui avait vu naître Léto, la mère d'Artémis et d'Apollon. Il connaissait bien ses habitants, d'humeur égale et de commerce agréable, qui n'aimaient rien tant que rire et festoyer, travaillant le moins possible, puisque, sur ces terres d'une grande fertilité, les récoltes poussaient deux fois l'an sans effort. Les Hyperboréens vivaient fort vieux, mais quand, trop chenus et perclus, ils estimaient que la vie ne semblait plus vouloir leur prodiguer les joies et les plaisirs qu'elle ne leur avait jamais refusés jusque-là, alors, sans hésiter, la tête couronnée de fleurs et une coupe de vin à la main, ils se jetaient, heureux, dans la mer, du haut de la plus haute falaise. Hercule, en souriant, se demanda ce qu'il advenait des vieillards qui savaient nager... Poséidon les rejetait-il sur le rivage ?

Le héros n'eut pas à abuser longtemps de l'hospitalité aimable des Hyperboréens, car la biche de Cérynée, poussée par quelque obscur instinct ou par la volonté d'Héra elle-même, décida brusquement de faire demi-tour et, malgré le froid et les premières neiges, de repartir vers l'Arcadie, là où elle était née et avait toujours vécu.

Hercule, désormais, ne la quittait plus des yeux ou se fondait, pour la suivre au plus près, sur les empreintes fraîches que le poids de ses sabots d'airain imprimait dans le sol. Très vite, son cœur s'emplit de joie car il comprit qu'en décidant de rentrer chez elle en plein hiver, la biche présomptueuse n'avait pas fait le bon choix. Ses pattes, qui s'enfonçaient profondément dans la neige, ralentissaient sa progression et épuisaient sa résistance.

Comment trouva-t-elle l'énergie suffisante pour atteindre l'Arcadie sans que son poursuivant ait réussi à la rattraper, seule Héra le sait. Deux mois encore passèrent et les monts d'Arcadie se découpèrent sur l'horizon. Bien que la neige laissât de plus en plus la place à l'herbe nouvelle, la biche, baissant le col sous le poids de ses bois d'or, avançait avec peine. Hercule se rapprochait insensiblement, sans impatience, conscient du terme inéluctable de cette traque.

Tous deux arrivèrent presque en même temps sur

les bords du Ladon, un affluent de l'Alphée, fils d'Océan et de Téthys, connu pour ses amours impossibles avec la chaste Artémis. Au-delà du Ladon se dressait le mont Artémisios qui abritait un des plus fameux sanctuaires de la déesse. La biche avait-elle décidé de s'y réfugier ?

En ces premiers jours du printemps, le Ladon, ses eaux limpides et froides gonflées par la fonte des neiges, avait une largeur impressionnante et son courant violent rendait hasardeuse toute traversée à la nage.

La biche hésita un instant devant les eaux tumultueuses, puis voyant Hercule à quelques pas d'elle, impassible, sa corde à la main, elle bondit, sans prendre d'élan, de la seule force de ses pattes de derrière. Elle atterrit lourdement sur l'autre rive, faillit glisser en arrière dans le courant, se rétablit d'un dernier coup de rein, et se tint immobile, haletante, ses flancs battant la chamade. Ses yeux voilés de larmes regardèrent vers l'Artémisios tout proche et elle tendit sa belle tête vers le temple émergeant d'une forêt d'ifs. Elle voulut encore s'arracher au sol humide, mais ses pattes, agitées de tremblements, refusèrent de lui obéir.

Alors le patient Hercule, de l'autre côté du torrent furieux, posa sa corde et sa massue, détacha de son épaule son arc, prit dans son carquois une flèche ordinaire, et non une de celles à la pointe empoisonnée, et fit ce qu'il n'avait pas eu l'occasion de faire depuis bientôt un an. Posément, sans émotion visible, il visa la silhouette enfin immobile en face de lui, se concentra intensément, et tira.

La flèche, en sifflant, passa entre l'os et le tendon d'une des pattes de devant, obligeant la biche à plier les genoux et à se coucher dans l'herbe. Hercule venait de réussir le plus beau tir de sa carrière de chasseur : immobiliser son gibier sans le blesser, sans même qu'une seule goutte de sang soit répandue. Puis le héros, ramassant ses affaires, se jeta dans le Ladon qu'il traversa d'une brasse puissante, avant que le courant ait eu le temps de l'entraîner trop loin.

Il se pencha sur la biche aux bois d'or qui l'avait tant fait courir, la caressa de sa grosse main douce pour calmer sa frayeur, enleva la flèche avec délicatesse, et lia les quatre membres avec sa corde de gattilier. La biche de Cérynée, vaincue, se laissa faire sans une plainte et sans tenter un ultime sursaut.

*
* *

Hercule s'en retournait d'un bon pas vers l'Argolide, son encombrant et lourd fardeau sacré sur les épaules. Il avait, ce matin-là, laissé derrière lui, dans la plaine, l'enceinte ovale de Tégée aux abords de laquelle se déroulait, chaque année, le plus important marché aux bestiaux d'Arcadie. Sans se soucier des premiers crocus et des premières primevères, il commençait à grimper les lacets du col du Parthénios quand il vit accourir vers lui, du flanc de la montagne, ou plutôt glisser sur les plaques de neige qui çà et là recouvraient encore le sol, deux immenses silhouettes enveloppées d'un long manteau de laine blanche à capuchon. Elles brandissaient chacune un arc étincelant dans le soleil printanier, et ne semblaient pas animées des meilleures intentions. Quand elles furent suffisamment proches, Hercule entendit l'une des deux apparitions hurler avec une voix de femme :

« Au voleur ! À l'assassin ! »

Médusé, le héros s'arrêta et, bien campé sur ses jambes, sa massue serrée dans son poing droit, attendit de voir ce que lui voulaient ces deux énergumènes.

« Qu'as-tu fait, misérable ? poursuivit la voix féminine qui lui sembla tout à coup familière. Tu as osé me la tuer, vil mangeur de bœufs, pitoyable lutteur de foire, fils de cette mijaurée d'Alcmène ! Tu as osé profaner un animal sacré ! La mort pour toi, sans autre jugement que le mien !

— Du calme, ma sœur, du calme, dit son compagnon en la retenant par la taille. Je suis sûr qu'il s'agit d'un malentendu. Hercule va tout nous expliquer. Mais si tes accusations sont fondées, c'est moi-même qui l'exécuterai d'une de mes flèches d'or infaillibles ! »

Hercule comprit alors qu'il avait en face de lui, en promenade pédestre matinale, Apollon et Artémis eux-mêmes, les enfants jumeaux de Zeus et de Léto, et en fut soudain soulagé : Apollon s'était toujours montré amical et équitable envers lui, et Artémis ne pouvait avoir oublié le sérieux coup de main qu'il lui avait donné alors qu'elle se battait avec le Géant Gration.

« Mais, grands dieux, bien sûr que je vais vous expliquer ! s'empressa-t-il de dire. Tout d'abord, constatez que cette merveille de la nature que je porte sur mes épaules a toujours ses grands yeux ouverts sur la vie. Elle a tout juste l'air un peu fatiguée... de m'avoir fait courir, et je ne l'ai entravée que pour qu'elle ne se sauve pas ou ne me laboure le dos de ses sabots d'airain. En outre, si je me suis permis de l'enlever, c'est sur ordre !

— Et de qui, s'il te plaît ? demandèrent en chœur les divins jumeaux.

— D'Eurysthée. C'est le troisième travail auquel il m'a astreint et vous savez que derrière ce fantoche se cache la volonté de l'inflexible Héra.

— Cela change tout, je l'admets, répondit Artémis en souriant – ce qui ne lui arrivait guère ! Ce que j'ai donné à Héra appartient à Héra. »

Et pendant qu'elle caressait la tête couronnée d'or de la biche de Cérynée en lui murmurant des mots doux de patience et d'encouragement, Apollon ajouta :

« Poursuis ta mission, mon cher Hercule. Et nous, reprenons la tournée de nos temples arcadiens.

— Que Zeus, notre père à tous trois, lança le héros avec malice, chasse définitivement de dessus nos têtes les sombres nuées de l'hiver ! »

Et alors qu'Artémis et Apollon, comme de simples mortels pèlerins, reprenaient le chemin de la vallée, Hercule poursuivit son ascension. Deux jours plus tard, il arrivait sous les murs de Mycènes.

*
* *

Eurysthée, en battant des mains comme un enfant auquel on apporte un chariot de jouets, se précipita à la rencontre de son cousin, suivi de Coprée plus sale que jamais.

« Sais-tu que tu es parti depuis bientôt un an ? J'étais persuadé de ne plus te revoir, dit-il à Hercule comme si cette éventualité lui eût fait de la peine. Quand j'ai appris qu'on t'avait vu chez les Hyperboréens toujours bredouille, j'ai franchement cru que, conquis par leurs mœurs paisibles, tu avais renoncé à ta mission et décidé de te fixer parmi eux. Quelle perte ton exil, même doré, eût été pour la Grèce ! Et quel savon t'aurait passé Héra ! »

Sans un mot, Hercule déposa avec fierté, aux pieds du roi, son précieux fardeau, comme, plus tard, un certain Vercingétorix le ferait de ses armes aux pieds de son vainqueur, un nommé Jules César, puis se croisa les bras sur la poitrine.

« Détache-la, voyons, Coprée, au lieu de rester bouche bée de convoitise en la regardant, ordonna Eurysthée. Il me faut examiner si elle n'est point blessée. Tu excuseras, n'est-ce pas, Hercule, cette petite formalité ? »

Mais à peine le superbe animal se retrouva-t-il sur ses pattes que, sans doute pour se dégourdir après tant de jours d'inactivité, il envoya de ses postérieures une ruade si inattendue que Coprée, qui ne put l'éviter qu'à moitié, se retrouva plié en deux sur le sol à chercher son souffle.

« C'est ton eau de toilette qui lui déplaît, commenta Hercule en riant.

— Relève-toi, bon à rien, dit Eurysthée en colère, et laisse-moi faire. Elle est parfaite de grâce et de beauté...

— De force et de caractère, ajouta tout bas Coprée.

— Je vais la conduire à son nouvel enclos en bois des îles recouvert de diamants. Viens, ma bibiche, tu verras comme pépère te soignera bien. Et qui viendra t'apporter de temps en temps du gâteau trempé dans le nectar des dieux ? Notre mère à tous, Héra. Qu'elle est belle, ma bibiche, avec ses co-cornes toutes en or et ses petits petons d'airain !... »

Hercule avait assez entendu de niaiseries. Tournant les talons, il dit entre haut et bas :

« Décidément, qu'ont-ils donc tous à prendre ce grand dix-cors pour une femelle ? Quand enseignera-t-on enfin, en Grèce, la zoologie ? »

4

Hercule et le sanglier d'Érymanthe

« Coprée, ne nous énervons pas. Essaie de me répéter sans bafouiller ce que ton maître attend de moi. Mais ne t'approche pas davantage, s'il te plaît, je n'ai pas de chasse-mouches. »

Le serviteur d'Eurysthée, qui n'en menait pas large, comme chaque fois qu'il se trouvait en face d'Hercule, soupira en exhalant une odeur de lisier, et reprit :

« Sa Majesté – que la grande Héra l'ait en sa sainte garde ! – vient d'apprendre que, sur les pentes de l'Érymanthe, vit un sanglier d'une taille exceptionnelle. Aussi a-t-elle décidé, avec l'à-propos qui la caractérise, de le mettre à son menu, lors du banquet annuel de l'Association des rois des villes de Grèce, qui doit se dérouler le mois prochain à Mycènes. Elle te demande d'aller le chasser pour elle et de le lui rapporter mort ou vif.

— Encore l'Arcadie et en plein hiver ? s'étonna Hercule. Eurysthée ne peut donc pas servir à ses confrères du cochon de lait d'élevage ? Farci de châtaignes, d'oignons et de romarin, c'est tout aussi excellent !

— Certes, noble Hercule. Encore que, si je puis me permettre, dit Coprée en rougissant, je préférerais, pour ma part, un gibier bien faisandé, à l'âpre fumet de viande en décomposition...

— Je n'en doute pas ! s'exclama Hercule. Va dire à ta Majesté que j'accepte, mais uniquement parce que cela m'arrange. J'en profiterai, en effet, pour faire un crochet chez mon ami le Centaure Pholos que je n'ai pas pu voir l'an dernier. Au fait, est-ce qu'elle se farde toujours autant ?

— Qui cela, fils d'Alcmène ?

— Ta Majesté ! »

*
* *

Hercule connaissait bien la route. C'était celle qui, par Tégée, Mantinée et Orchomène, menait à Olympie et à la mer Ionienne, chère au cœur du héros. Ne lui a-t-il pas donné ce nom lui-même, en l'honneur de Ionios, un pauvre gosse qu'il tua accidentellement en voulant porter secours à son père, sauvagement agressé par ses propres frères ? Qui dénoncera jamais assez la tragédie qui peut naître, au cours d'une banale querelle de famille, d'une malheureuse flèche perdue ?

Non seulement Hercule avait emprunté une partie de cette route, à l'aller et au retour de son troisième travail, mais il avait en outre eu le temps de pratiquer toutes les montagnes et toutes les vallées d'Arcadie, par la volonté d'une biche facétieuse et obstinée.

Hercule marchait, comme à son habitude, au pas cadencé, son arc en bandoulière et sa massue sur l'épaule. Peu frileux de nature, il supportait sans inconvénient l'hiver dont les rigueurs ne duraient jamais dans le Péloponnèse. D'ailleurs, on ne le voyait plus, quel que soit le temps, que revêtu de sa peau de lion miracle et de sa tunique de lin préférée, avec parfois, entre les deux, sa cuirasse dorée. Pour lors, il avait laissé cette dernière à Mycènes. Pourquoi s'en serait-il encombré pour une chasse au sanglier qui, *a priori,* n'avait rien de périlleux ni même d'excitant ?

Les premières chutes de neige avaient déjà recouvert la végétation du mont Ménale, quand il s'arrêta un soir à Orchomène, avec l'intention d'y prendre un peu de repos. Cette bourgade, important marché agricole, dépendait du roi Ménélas de Sparte, dont la femme Hélène était, paraît-il, une splendeur... et le savait.

« Souhaitons que je me trompe, pensa Hercule en traversant l'agora animée, et qu'il n'arrivera rien de fâcheux à ce couple sympathique, mais une femme belle et coquette suscite tellement de convoitises ! »

Il décida de prendre une chambre près de la grand-place, à l'*Auberge de la Vigne et du Nectar réunis* : tout un programme ! Hercule, bon vivant, aimait la chaleur des quartiers populaires des villes laborieuses, d'autant que ses travaux l'obligeaient, le plus souvent, à vivre seul dans la campagne plus longtemps qu'il ne l'eût souhaité.

Il était difficile au célébrissime Hercule de passer inaperçu en quelque lieu que ce fût, à cause de son accoutrement singulier et des exploits qu'il avait accomplis et que le bouche à oreille colportait en les magnifiant. Mais traverser une petite ville en fin de journée, incognito, alors que l'on était une gloire pour tout le Péloponnèse, relevait d'un pouvoir que seuls détenaient les dieux de l'Olympe ! D'autant que cette cité s'appelait Orchomène. Personne ici n'avait oublié que, dans la guerre qui, quelques années plus tôt, avait opposé leur ville à la puissante

Thèbes du roi Créon, Hercule avait tout naturellement pris le parti de son beau-père et infligé aux Minyens, les habitants d'Orchomène, une sévère raclée avec pour conséquence de devoir payer, chaque année, aux Thébains, un lourd tribut. Mais la réputation d'honnêteté du héros et l'admiration que chacun porte d'emblée aux personnages d'exception faisaient que les Minyens ne lui tenaient pas rancune de ce passé pénible pour eux et se trouvaient même flattés de le voir s'arrêter chez eux plutôt que chez les Mantinéens, leurs voisins voleurs d'eau. Tous savaient aussi que, si Hercule était resté thébain de cœur, de douloureuses circonstances l'avaient contraint à un exil qu'il ne méritait pas.

*
* *

Dès qu'ils virent vers quelle auberge se dirigeait Hercule, tous les commerçants et artisans fermèrent aussitôt d'un volet de bois leurs boutiques et leurs échoppes, et se précipitèrent à sa suite, en se moquant pas mal des reproches aigres de leurs femmes.

À peine entré dans la grande salle, Hercule confia son balluchon, son arc et son carquois à une servante empressée, mais point sa bonne massue, puis alla s'installer confortablement à l'un des bouts de l'immense table d'hôte, face à la porte. Aussitôt, dans une bousculade que le héros apprécia comme un hommage, les hommes les plus rapides et les plus assoiffés de la ville prirent place à ses côtés. Ce ne fut alors, pendant de longues minutes, qu'un concert de jurons, d'exclamations enjouées, de bancs et de tabourets entrechoqués. L'aubergiste, accouru au charivari, se frottait les mains de satisfaction en regardant sa salle se remplir à la vitesse d'une course de chevaux dans l'hippodrome.

Quand tout le monde fut à peu près installé et calmé, et que tous les regards eurent convergé vers lui avec curiosité, Hercule abattit sa large main sur la table en hurlant :

« Aubergiste, à boire pour tout le monde et du meilleur ! » Et, avant que n'éclatent les ovations, il ajouta : « Et le menu gastronomique pour tous les braves à trois poils qui sont avec moi autour de cette table ! C'est moi qui régale ! »

Le dîner fut, comme on s'en doute, à la mesure des appétits et personne n'ignore que ceux des Arcadiens, surtout l'hiver, sont difficiles à satisfaire.

Hercule ne se priva pas, tout en faisant lui-même honneur au talent culinaire de l'épouse de l'aubergiste, de raconter, pour la énième fois, son séjour chez les Hyperboréens en le corsant et le pimentant de détails fantastiques ou polissons qui déclenchaient des rires en cascade parmi son auditoire. Il se tailla même un succès digne des plus grands acteurs, en se livrant, au dessert, debout sur la table, à une imitation désopilante d'Eurysthée à sa toilette du matin un jour de fête, s'efforçant, en tapant du pied d'énervement, de se fixer au-dessus des yeux, d'une main malhabile, des faux cils enduits de gomme de lentisque.

Au fil des heures, dans la chaleur lourde dégagée par la cheminée monumentale, les torchères sur les murs et le vin chaud épicé, les convives, en sueur, s'effondraient les uns sur les autres, ivres morts. Et il ne resta bientôt plus, de part et d'autre du héros, qu'un robuste forgeron au poil roux et fort en gueule, habitué depuis sa naissance à vider d'un trait une amphore de vin pendant que d'autres, du bout des lèvres, ne pouvaient en boire qu'une coupe, et un berger petit et râblé, que des nuits entières passées à compter les étoiles avaient rendu allergique au sommeil.

« Mais enfin, vaillant Hercule, finit par demander le forgeron en rotant bruyamment, ne nous dis pas que tu as choisi Orchomène pour y passer, en villégiature, la mauvaise saison ? Nauplie serait mieux indiqué. Et même si tu affectionnes les réunions d'anciens combattants de tous bords... qu'es-tu venu faire par ici, si ce n'est point un secret d'État ?

— En vérité, l'ami, je ne suis qu'en transit pour

rassembler mes forces. J'ai, en effet, l'intention d'aller, via le plateau de Pholoé où habite un ami, à la chasse au sanglier sur l'Érymanthe...

— À l'eau ! ne put s'empêcher d'ajouter le berger ; mais le rire qu'il s'apprêtait à déployer à la cantonade pour ponctuer ce pitoyable jeu de mots, le premier de sa vie, resta en travers de sa gorge, et basculant de son tabouret, il roula à son tour sous la table, assommé par cet ultime effort intellectuel.

— Méfie-toi, Hercule, reprit le forgeron sans sourciller, la route qui mène à Pholoé n'est pas sûre, surtout à l'approche du col. Un bandit, qui se fait appeler Sauros, "le Lézard", rançonne depuis quelque temps les voyageurs, même armés, qui l'empruntent. On a retrouvé, hier, dans un ravin, le cadavre, dévoré en partie par les charognards, d'un voiturier qui, il y a trois jours à peine, se trouvait assis à la place qui est la tienne ce soir. Son âne et sa charrette avaient, bien sûr, disparu. Une battue, organisée par les soldats de la citadelle, n'a rien donné... Tiens, toute cette histoire me rend triste. »

Et il vida cul sec son vingtième canthare.

Hercule, sans s'émouvoir, renversé en arrière sur son siège, les yeux au plafond et les mains derrière la nuque pour se détendre, répondit :

« Merci de l'avertissement, camarade, mais ne t'inquiète pas. J'en ai vu d'autres. Quand on a, comme moi, tué le lion de Némée et l'hydre de Lerne... »

Et le héros de se lancer avec complaisance, au milieu des ronflements et borborygmes de ses commensaux, dans le récit circonstancié de ses premiers travaux, avec quelques enjolivements supplémentaires, comme si la réalité eût été inférieure à la fiction. Au bout d'un quart d'heure, devant le mutisme et l'immobilité de son dernier auditeur, il se tut. À côté de lui, raide comme un chêne dans la tempête, le forgeron s'était à son tour assoupi, tel un enfant repu, entre les ailes de Morphée.

Hercule se leva, et en s'appuyant sur sa massue pour ne pas tomber, grimpa l'escalier qui menait à sa chambre. En haut des marches, il se retourna vers la salle en murmurant, la bouche pâteuse :

« Bravo, les enfants ! Avec un peu d'entraînement, vous résisterez plus longtemps. Nous remettrons cela demain. »

L'aubergiste et sa femme dormaient déjà en souriant aux enfants de la Nuit. Tous deux rêvaient aux travaux d'agrandissement et de rénovation qu'ils pourraient entreprendre dans leur auberge, pour peu que leur fastueux client de ce soir restât chez eux une semaine.

*
* *

À l'heure où l'Aurore aux voiles de safran éclaire à l'est les montagnes, Hercule avait déjà contourné le Ménale et grimpé allègrement le col qui, à plus de mille mètres, donnait accès à la route des crêtes. Il n'avait désormais plus qu'à suivre celle-ci pour atteindre, en deux jours, le plateau de Pholoé où s'était installée la nombreuse famille des Centaures. La couche de neige était encore mince, mais le froid vif faisait qu'à chaque expiration le héros propulsait, loin devant lui, une épaisse buée. Ce même froid vif avait eu la vertu de dissiper une migraine tenace, celle des lendemains qui déchantent quand on a trop mangé et trop bu la veille.

Hercule marchait, décontracté, les mains dans les poches, aurait-on pu dire, si cet accessoire vestimentaire eût été inventé en ces temps lointains. Au-dessus de lui, l'immensité bleu pâle du ciel se chargeait peu à peu de nuages noirs, et de chaque côté de la route, se dressaient, compacts, des ifs, des sapins, des chênes-kermès capables de dissimuler loups et panthères, encore que ces fauves fussent plus rares dans le Péloponnèse que dans la Grèce du Nord. L'optimisme du héros chassa cette éventualité fâcheuse de son esprit.

Hercule souriait même au souvenir du forgeron

d'Orchomène et à sa mise en garde, quand soudain, sorti de derrière un bouquet d'érables, en rampant sur les coudes et les genoux, vint se camper au milieu de la route une espèce de colosse hirsute, enveloppé d'un manteau de laine brune rapiécé, et qui lança d'une voix énergique :

« La bourse ou la vie ! »

Sa main droite brandissait sans trembler un épieu, et sa main gauche se refermait sur un poignard à lame courbe, glissé dans sa ceinture. Hercule s'arrêta et fit, avec désinvolture, tournoyer sa massue.

« Tiens, pensa-t-il, le Lézard était en embuscade au milieu des érables, les arbres sacrés de Phobos, le démon de la Peur, qui accompagne partout le dieu de la Guerre. C'est à cause de lui que les hommes combattent toujours, la peur au ventre. J'y vois un signe ! »

Puis il demanda, d'un ton cérémonieux :

« Monsieur Sauros, je présume ?

— Lui-même, répondit l'autre avec fierté. Et toi, tu es Hercule, le tueur de reptiles, le coupeur de nez, la terreur des sauterelles... mais ta peau de lion mitée ne m'impressionne pas plus que ton bâton de vieillesse ! »

Le héros fit semblant de n'avoir pas entendu et poursuivit, comme s'il s'adressait à un galopin voleur de pommes :

« Ainsi, c'est toi le bandit de grand chemin, le détrousseur de braves gens, l'assassin de ceux qui n'obtempèrent pas assez vite ? Tu sais que ce n'est pas joli-joli tout ça ? Ton vieux papa et ta bonne maman sont-ils au courant des bêtises que tu fais quand ils ne sont pas là pour te surveiller ?

— On m'avait dit, ricana Sauros, que tu étais sujet à des crises de folie furieuse, mais je constate que tes propos ne sont que ceux d'un pauvre innocent de village ! »

Hercule leva les bras et les yeux au ciel, comme pour le prendre à témoin, et s'écria :

« Grand Zeus, assembleur de nuées, mon vénéré père, toi qui vois tout et entends tout, envoie donc à ce forban, qui se moque de moi, un petit coup de ton foudre pour lui apprendre la politesse. »

Sauros, une lueur d'inquiétude irrépressible dans le regard, leva à son tour, l'espace d'une seconde, la tête en l'air, pour le cas où...

C'en fut assez pour Hercule, qui, en deux enjambées, fondit sur son adversaire. Le premier coup de massue brisa net l'épieu en son milieu. Le second, d'une violence inouïe, fit rentrer la tête de Sauros, ou ce qu'il en restait, dans ses épaules. Le bandit s'écroula, mort.

« Tu n'aurais pas dû te cacher derrière des érables, ça t'a porté la poisse ! Les charognards ne laisseront bientôt plus de toi qu'une belle peau de lézard », commenta Hercule, puis il enjamba le cadavre et poursuivit son chemin, comme si de rien n'était.

*
* *

Comme tous les hivers, le char d'Hélios escaladait lentement l'horizon, au milieu des nuages, et il n'était encore qu'au tiers de son ascension quand Hercule aperçut enfin le plateau de Pholoé.

C'était là, au cœur d'une forêt dense, riche en gibier, encore épargnée par la neige, que vivaient désormais les Centaures, dans des cabanes ou des cavernes aménagées. Tout en parcourant la dernière lieue qui le séparait de son ami Pholos, Hercule se plut à se remémorer l'étrange destinée de la famille Centaure.

Avec un buste et une tête d'homme barbu sur un corps de cheval, les Centaures n'étaient pas d'un naturel engageant. Grossiers et querelleurs, plutôt bornés, ils passaient dans toute la Grèce pour être des brutes épaisses infréquentables. Que pouvait-on franchement attendre de sauvages qui ne se nourrissaient que de chair crue et étaient ivres la plupart du temps ? Car les bougres buvaient sec et n'avaient pas le vin gai ! En compagnie de Dionysos et de sa bande de Satyres peu recommandables, ils avaient appris sans effort à user et abuser du jus de la treille, et à bannir l'eau de leur régime.

Ils étaient nés des amours d'Ixion, roi de Thessalie, et de Néphélè, Nuée céleste de caractère plutôt orageux, qu'Ixion avait prise, disaient les mauvaises langues, pour Héra qui lui ressemblait et dont il était secrètement amoureux. Les Centaures, hérédité oblige, se montrèrent d'ailleurs tous, par la suite, friands de jolies femmes, non sans que cela finît par leur occasionner bien des désagréments.

Un jour qu'ils étaient invités au mariage de Pirithoos, roi des Lapithes, et de la belle Hippodamie, en compagnie d'autres personnalités du monde politique, comme Thésée, roi d'Athènes et ami personnel du marié, l'un des Centaures, du nom d'Eurytion, voulut, sous l'empire de la boisson, serrer d'un peu trop près la jeune épousée. Le mari n'apprécia pas. Eurytion insistant, une querelle s'ensuivit qui dégénéra bien vite en bataille rangée. D'un côté les Centaures, de l'autre les Lapithes et Thésée. En quelques minutes, le camp du droit et de la raison l'emporta sur celui de l'ivresse et de la luxure. Eurytion fut tué avec deux ou trois de ses frères, et toute la famille, chassée de Thessalie, ne put trouver refuge qu'au fin fond de l'Arcadie.

Deux Centaures, par bonheur, échappaient à cette ascendance et à ses conséquences :

Le premier, Pholos, fils de Silène et de la Nymphe des frênes Mélia, petite femme douce et gentille, qui avait élevé son fils unique dans la non-violence et en avait fait un honnête Centaure, sensible et de bonne compagnie. Grâce à la vigilance de sa mère, il avait ainsi pu échapper en partie à l'influence désastreuse de son père. C'est que le père Silène était un fameux lascar ! Satyre bedonnant, laid à faire peur, toujours entre deux vins, il ne descendait jamais de son âne, tant il eût été bien en peine de mettre un pied devant l'autre.

Le second, Chiron, le grand Chiron, l'unique, le sympathique, le généreux, le sage, l'intelligent, le savant Chiron, fils de Cronos et demi-frère de Zeus, s'il vous plaît, qui fut le précepteur de bien des fils de l'aristocratie divine et humaine. Qui n'aimait Chiron sur Terre ou dans l'Olympe ? Qui ne louait ses qualités de médecin, son savoir encyclopédique, ses vertus de pédagogue ferme et bienveillant ?

*
* *

La grotte où habitait Pholos se trouvait sur les premières pentes du plateau, dans un endroit tranquille et dégagé, assez loin des demeures de ses congénères. Hercule se dit qu'ainsi, avec un peu de chance, il n'aurait pas à les saluer. Près de l'entrée de la grotte, fermée par une énorme planche, poussait un arbousier de belle taille qui avait conservé, malgré la saison, quelques-uns de ses fruits rouges à la saveur aigrelette. À l'approche d'Hercule, un jeune cerf et deux ou trois chèvres détalèrent en direction de la forêt. Pholos, alerté, vint sur le pas de sa porte, et, quand il reconnut son visiteur, ne put que balbutier :

« Ah ça, par exemple, si quelqu'un m'avait dit !... » Sa réaction de surprise heureuse fit chaud au cœur du héros. Ils s'étreignirent comme deux amis que les aléas d'une vie différente ont tenus trop longtemps éloignés l'un de l'autre. « Mais pourquoi, fils d'Alcmène, ne m'as-tu pas fait prévenir de ta venue ? demanda le Centaure.

— Je n'en ai pas eu le temps, expliqua Hercule. Eurysthée a décrété à l'improviste que je devais aller chasser pour lui du côté de l'Érymanthe.

— Cela ne fait rien, entre, proposa Pholos, et mets-toi à ton aise. »

La grotte, bien éclairée par des torches et un bon feu dans la cheminée, apparut spacieuse et propre, avec son sol recouvert de paille fraîche et son ameublement d'une sobre rusticité. Hercule alla déposer dans le fond, près de la cheminée, son balluchon et ses armes en disant :

« J'ai apporté deux lapins, chassés avant d'arriver, et le dessert ! Quelques figues et un petit sac de dattes que je fais venir tout exprès d'Afrique.

— J'ai moi-même un demi-chevreuil que je vais mettre à rôtir pour toi », ajouta Pholos.

Pendant que le Centaure préparait leur repas, Hercule demanda :

« Comment vont Silène et Mélia ?

— Ma mère irait mieux, répondit son ami avec tristesse, si mon père ne rentrait pas ivre tous les soirs à la maison. Il n'a certes pas pour deux oboles de méchanceté, mais il beugle toute la nuit des chansons grivoises à faire frémir toute la garnison de Tirynthe.

— Peut-être boit-il et chante-t-il pour oublier sa laideur et ses difformités ? soupira le héros. Gardons-nous de trop l'accabler. Et le vieux Chiron, en as-tu des nouvelles récentes ?

— Oui, il est à la retraite désormais, et coule des jours heureux au bord de la mer, au cap Malée, à écrire son dernier ouvrage médical le jour, et à étudier la marche des constellations dans le ciel la nuit... »

Les deux amis, intarissables, continuèrent à bavarder à bâtons rompus jusqu'au moment de passer à table.

Pendant de longues minutes, en silence, dans le seul bruit de ses mâchoires, Hercule dévora un lapin, puis entama le chevreuil rôti à point. Pholos, de son côté, mangeait sans gloutonnerie, comme à regret, sa viande crue coupée en petits morceaux.

Hercule avait, à plusieurs reprises, plongé sa coupe dans la cruche pansue remplie d'eau claire qui se trouvait sur le sol, à côté de la table, quand il se permit de demander à son ami :

« Ah ça, Pholos, je n'ai rien contre l'eau de source même en hiver, mais n'aurais-tu pas un peu de vin pour que ce délicieux chevreuil se trouve en meilleure compagnie dans mon estomac ?

— Hélas ! Hercule, répondit le Centaure confus. Si j'avais su que tu venais, j'en aurais volontiers acheté, quoique moi-même je n'en boive guère...

— Ce que je vois là-bas, dans le coin, n'est-ce pas une amphore de vin bouché, petit cachottier ? suggéra le héros avec malice.

— Si fait, Hercule, mais elle ne m'appartient pas. C'est un cadeau de Dionysos que mes compagnons m'ont laissé en dépôt. Ils le videront à la prochaine occasion solennelle.

— Mais je suis cette occasion solennelle ! insista Hercule. Mon ami, je t'autorise, en ce grand jour de nos retrouvailles, à la déboucher. Nous n'en boirons qu'une coupe, je te le promets, et en la dédiant à Dionysos.

— Comme tu voudras », finit par murmurer Pholos, et c'est en tremblant un peu qu'il apporta l'amphore et la déboucha.

Hercule en huma le contenu et s'exclama :

« C'est du pur vin de Rhodes ou je ne m'y connais pas ! Goûtons-le pour s'en assurer. »

À peine remplissait-il sa coupe que la porte de la grotte vola en éclats. Les Centaures Anchios et Agrios se dressaient sur le seuil, visiblement de méchante humeur. L'un tenait entre ses paturons de devant un rocher de belle taille, et l'autre un tronc de sapin effilé.

« Ça sent le vin ici ! Ça sent le vin ici ! éructèrent-ils en chœur.

— Depuis que vous êtes là, ça sent plutôt autre chose, répliqua Hercule sans s'énerver. Mais puisque vous êtes entrés sans y avoir été conviés, installez-vous et buvez avec nous ce qui, paraît-il, vous appartient. »

Il n'eut pas plus tôt terminé sa gracieuse invite que le rocher passa à deux doigts de sa tête et alla fracasser une superbe poterie à décor géométrique, cadeau de Mélia à son fils, tandis que le sapin venait se ficher dans le sol, tout près de Pholos. Dans le même temps, les deux brutes hurlaient à plein poitrail :

« À l'aide, nos frères, à l'aide ! On nous vole notre vin ! »

Alors que Pholos cherchait précipitamment refuge sous la table, Hercule bondit en souplesse et, arrachant les deux torches du mur à côté de lui, en enfonça une dans l'œil d'Anchios et l'autre dans la bouche ouverte d'Agrios en tournant les poignets par souci d'efficacité. Dans une odeur horrible de chair brûlée, les deux Centaures s'abattirent morts dans la paille. Le héros s'empara aussitôt de son arc et de son carquois dont il laissa, dans sa hâte, s'échapper une flèche, et sortit devant la grotte.

Attirés hors de la forêt par les cris d'Anchios et d'Agrios, les Centaures accouraient, armés de blocs de pierre, d'épieux, de haches ou de tisons enflammés. Hercule banda son arc. La première flèche tua Oréos. La deuxième flèche tua Hylaéos. Les autres Centaures marquèrent un temps d'arrêt. C'est alors que, du ciel sombre, se détacha une nuée particulièrement noire, qui fondit sur le héros et déversa d'un coup toute son eau : Néphélè, la bonne mère, venait au secours de ses enfants. Sous l'effet de la trombe d'eau glacée, Hercule, la corde de son arc en un instant détendue, recula dans la grotte. Par bonheur, pendant que sans perdre son calme il réparait son arme, les quelques projectiles qui l'atteignirent rebondirent sur sa peau de lion détrempée. La corde de nouveau tendue, la troisième flèche tua Lycos et la quatrième Brianor. Quand ils constatèrent la terrible efficacité de leur adversaire et son invulnérabilité, les Centaures battirent prudemment en retraite. Mais Hercule ne l'entendait pas ainsi. Rendu furieux par leur agressivité absurde plus que par le soutien naturel de leur mère, il fonça à leur poursuite en criant :

« Vous allez voir, bande de malappris, ce qu'il en coûte de refuser une coupe de vin au fils de Zeus ! Je vous exterminerai tous jusqu'au dernier ! »

La cinquième flèche tua Eurynomos, et quand ils virent Pétraios chanceler à son tour, les Centaures survivants transformèrent leur repli stratégique en sauve-qui-peut désordonné. La plupart s'enfuirent et cherchèrent refuge auprès de Chiron, au cap Malée. Certains préférèrent tenter de nouveau leur chance en Thessalie. Quelques-uns galopèrent même jusqu'en Sicile, on ne sait si ce fut à la nage ou à l'aide d'un bateau. Le Centaure Nessos partit seul de son côté. D'aucuns, par la suite, affirmèrent qu'il s'était fait passeur sur le fleuve Évènos.

Hercule regagna la grotte, pas mécontent, au fond, de cet intermède, au moment où Pholos examinait la flèche tombée du carquois, en murmurant philosophiquement pour lui-même : « Comment une si petite chose peut-elle causer des dégâts aussi considérables ? C'est inouï et effrayant à la fois ! »

« Attention, mon ami, lui cria Hercule. Cette flèche est empoisonnée, ne joue pas avec ! »

Le pauvre Pholos, surpris, et sans doute mal remis des émotions que lui avait causées l'échauffourée, obéit et lâcha la flèche au lieu de la poser. Celle-ci tomba sur le sol, pointe en avant, non sans malheureusement égratigner au passage le pied droit du Centaure. Aussitôt, celui-ci pâlit et fut obligé de se coucher sur la paille. Le poison lentement faisait son œuvre. Hercule regardait, incrédule, son corps se couvrir de sueur et sa respiration s'accélérer. Réagissant enfin, il se mit à courir dans tous les sens, renversant les pauvres meubles, à la recherche de quelque contrepoison, mais il n'en trouva pas. Désespéré, il eut beau secouer son ami en lui disant, les larmes aux yeux :

« Pholos, mon vieux, ne t'endors pas. Ressaisis-toi. N'as-tu donc pas un coffret à pharmacie ? Un peu de dictame de Crète, de rue fétide, de bryone ?... Ce n'est pas possible que tu n'aies pas au moins une réserve de racines de gentiane, spécialité des Centaures, ou simplement quelques feuilles de laurier-rose. Macérées dans du vin, elles sont excellentes contre le venin !... »

Pholos, les yeux vitreux, ne l'entendait plus. Toute la nuit, Hercule veilla son ami mort en le tenant serré contre lui, comme pour le réchauffer.

Au petit matin, il l'enterra au pied de l'arbousier avec les fragments de la poterie aux jolis dessins que lui avait offerte sa mère, et murmura :

« Bon voyage dans l'Au-delà, toi le plus aimable de ta race. Pourquoi les Moires, les noires fileuses, ont-elles coupé le fil de ta vie ? Que ton âme simple s'envole chez Hadès et que celui-ci t'accueille dans le séjour des Bienheureux ! »

Ainsi parla Hercule aux yeux brillants, sa voix tremblant d'émotion contenue. Puis il ajouta :

« Ne t'inquiète pas. Si les petits cochons ne m'ont pas encore mangé, ce n'est pas un gros sanglier qui va le faire », et d'une démarche ferme, il quitta le plateau de Pholoé.

Le soir même, il franchissait sur un pont de bois le torrent Érymanthe et atteignait la porte principale de l'enceinte de Psophis. La cité se blottissait frileusement au pied du massif de l'Érymanthe couvert de neige, dont le sommet, le mont Lampéia, haut de deux mille deux cents mètres, disparaissait dans les nuages d'un gris plombé que le couchant teintait de jaune.

Le fils d'Apollon méritait bien d'avoir donné son nom à une montagne et à une rivière, lui qui avait été rendu aveugle par Aphrodite pour le seul crime de l'avoir regardée se baigner nue ! La belle déesse ne se montrait pas toujours aussi pudique, heureusement, se dit Hercule en se cherchant un gîte pour la nuit.

*
* *

Nombre d'habitants de Psophis avaient déjà eu maille à partir avec le fameux sanglier, terreur des récoltes en été et terreur des mères en hiver, car il ne dédaignait pas de s'approcher des faubourgs de la cité pour y dévorer les enfants au berceau. La bête, lui avait-on assuré, avait la taille et le poids d'un taureau, des défenses d'éléphant, et l'éclat inquiétant de ses petits yeux sournois et cruels avait eu raison du courage de bien des chasseurs. Grâce pourtant à leurs indications précises, Hercule trouva rapidement l'immense forêt de chênes dans laquelle le fauve avait installé sa bauge.

Mais comment le tirer du fouillis épineux dans lequel il se terrait pour l'amener dans un endroit plus dégagé où des flèches, non empoisonnées pour ne pas gâter sa chair, pourraient faire merveille ?

Hercule découvrit, à l'orée des premiers arbres, une vaste fosse naturelle dont le fond était tapissé d'une épaisse couche de neige. Aussitôt il s'activa à la dissimuler avec des branches sur lesquelles il déposa, bien en évidence, un énorme tas de glands acheté le matin même au marché, en même temps qu'il y faisait l'acquisition d'une longue chaîne d'acier aux maillons serrés. Puis il dégagea une sorte de piste qui, partant de la fosse, s'approchait le plus possible de la bauge. Hercule percevait avec netteté les grognements de satisfaction du fauve fouissant sans peine le sol gelé. Ne restait plus, maintenant, qu'à l'attirer. Le héros, tout en agitant les fourrés avec sa massue et en y jetant le plus possible de cailloux, se mit à pousser des cris et à hurler des invectives abominables :

« Sors de ton lit, goret immonde ! »

Le sanglier, surpris sans doute de ce soudain vacarme, cessa de grogner et prudemment quitta sa bauge pour venir aux nouvelles. Quand il aperçut la haute silhouette d'Hercule revêtu de sa peau de lion, hurlant et gesticulant, le fauve n'y tint plus. Grattant le sol d'un sabot agacé, il baissa sa hure et chargea. Hercule fit demi-tour et courut jusqu'à l'emplacement de la fosse à une vitesse telle qu'il estima, par la suite, avoir amélioré de plusieurs secondes sa meilleure performance sur la distance. Arrivé devant la fosse, il bloqua sa course et se jeta sur le côté. Les défenses ne passèrent qu'à quelques centimètres de sa peau de lion, mais emporté par son élan irréfléchi, le sanglier tomba, dans un bruit de branches brisées, sur la couche de neige dans laquelle il s'enfonça jusqu'au poitrail en couinant.

Sans prendre le temps de se féliciter de son astuce, le fils d'Alcmène bondit sur le dos de l'animal, sa massue d'une main et la chaîne de l'autre et, après quelques sauts de cabri et quelques coups de massue donnés avec conviction, immobilisa le fauve.

Le ficeler avec la chaîne ne fut plus qu'un jeu d'enfant, mais le sortir de la fosse lui demanda de longues heures d'effort. Hercule avait capturé seul le sanglier, sans aide, et il le rapporterait de même à Mycènes, ne serait-ce que pour faire enrager Héra qui l'observait sûrement depuis l'Olympe.

*
* *

Poussé par sa volonté et son orgueil que stimulait sa hargne contre Eurysthée, Hercule arrivait enfin en vue de la citadelle de Mycènes, quand un char rapide pila de ses deux chevaux à sa hauteur.

« Belle prise, mon oncle, mais dans quel état elle t'a mis !

— Salut, mon neveu. Tu dis vrai. Dommage que ce sanglier trop fragile n'ait pas tenu la distance comme moi. Il est mort en route. À moins que je ne lui aie caressé un peu trop fort les oreilles au départ, ou que son cœur ait lâché d'émotion en devinant le sort qui l'attendait à l'arrivée ! Cela dit, je commence à le trouver pesant. Iolaos, sois gentil. Soulage-moi de mon balluchon et de mes armes, surtout de ma massue qui m'encombre. Va m'attendre à l'auberge, et commande-moi un bain chaud parfumé et un canthare de vin. Ce petit dépôt à faire chez mon cousin, et je te rejoins. »

Une heure plus tard, Hercule, toujours courbé en deux sous le poids terrible du sanglier, encore plus lourd mort que vivant, grimpait vers le palais en bougonnant assez fort pour que tous les passants en profitent :

« Eurysthée, roi de comédie, tu me le paieras un jour. À cause de tes caprices, me voici plus puant que Coprée, ma précieuse peau de lion et ma belle tunique toutes tachées de sang et de boue. Je te les ferai laver toi-même, larbin d'Héra ! Attends un peu que tu te trouves devant moi, et les rois de Grèce ne te reconnaîtront plus !... »

Eurysthée, qui venait d'envoyer Coprée en mission délicate, vit du haut d'une terrasse approcher l'effrayant équipage d'Hercule ahanant et vociférant, et du sanglier mort, les pattes raidies se dressant vers le ciel d'hiver, et entendit même la dernière phrase de son irascible cousin. Alors, aussi vite que le lui permettaient ses cothurnes, il décida que mieux valait ne pas tester les effets de sa colère qu'il trouvait, comme toujours, exagérée. Avisant, dans un coin de la grande cour, une citerne heureusement vide, il s'y précipita en jetant aux servantes, ébahies :

« La première qui dévoile ma cachette, je lui donnerai moi-même des coups de poing, là ! »

Hercule entra dans le palais en hurlant :

« Eurysthée, montre-toi, froussard. Viens chercher ton repas. Et puisses-tu t'étouffer avec ! »

Le roi, à la fois choqué d'une telle familiarité et paralysé par la peur, choisit de ne pas répondre.

Hercule tourna en rond un moment dans le palais silencieux et déserté par le personnel.

« C'est bon, finit-il par crier en apercevant la citerne. Puisque tu ne veux pas venir encaisser ton dû, je vais m'en débarrasser dans ce vaste réservoir. À toi de l'en retirer ! »

Et, joignant le geste à la parole, Hercule allait y balancer son fardeau de poils noirs quand, à sa grande stupéfaction, Eurysthée en jaillit, plus mort que vif, en hurlant d'une voix de fausset :

« Au secours ! Au secours ! Il veut m'étouffer. Il veut m'assommer à coups de sanglier ! À l'aide ! Bouh, bouh ! Personne ne m'aime ! Bouh !... »

Hercule faisait déjà soigner ses courbatures par la jolie servante de l'auberge qu'Eurysthée courait encore dans son palais, criant et pleurnichant, la couronne royale toute de travers sur son crâne chauve.

Longtemps on put voir à Cumes, en Italie, à l'entrée de la chambre souterraine de la Sibylle, prêtresse d'Apollon, diseuse de bonne ou de mauvaise aventure, les gigantesques défenses du sanglier d'Érymanthe, offertes en ex-voto.

5

Hercule et les oiseaux du lac Stymphale

Hercule aimait Argos, la chaleureuse, la vivante, plus que Mycènes et Tirynthe, ses voisines, pour les raisons inverses de celles d'Eurysthée, qui n'y venait guère parce qu'il la trouvait trop laborieuse et populacière et que sa cote de popularité y était la plus basse de tout son royaume. C'est vrai qu'Argos était devenue, sans conteste, le plus important centre commercial d'Argolide, admirablement placé sur la route la plus fréquentée du Péloponnèse, qui menait à Corinthe et Athènes au nord, et vers le sud à Tégée et Sparte. Chaque jour de l'année, par tous les temps, y transitaient les troupeaux de bœufs et de moutons d'Arcadie, les chariots de grumes à destination de l'arsenal de Nauplie, les charrettes des marchands d'huile ou des poissonniers, les caravanes d'ânes bâtés, fiers de leur chargement de denrées rares et subtiles venues de Sicile, d'Égypte ou d'Asie. Argos, où le revenu par habitant était un des plus élevés du pays, était une ville propre et agréable. Une armée d'éboueurs et de cantonniers veillait sans relâche à ce que le réseau d'égouts évacue convenablement les eaux usées et que les chaussées, pour la plupart en terre, restent praticables quel que soit le temps.

Confortablement installée au fond de la baie, au centre d'une vaste étendue de cultures et de pâturages, entourée de collines couvertes de forêts exploitables, à quelques kilomètres seulement de son port de Nauplie, Argos passait pour être la plus ancienne cité de Grèce, et les Argiens, ni plus ni moins chauvins que d'autres, faisaient semblant de le croire. Peu leur importait que ses fondateurs aient manqué d'imagination en l'appelant banalement « la Plaine », elle qui s'enorgueillissait de deux acropoles pour la défendre !

L'estivale Aurore s'était depuis longtemps élancée de sa couche quand Hercule, après avoir humé, de longues minutes, les bonnes odeurs de cuisine qui montaient des cours des maisons, pénétra sur l'agora, moins avec l'intention d'y acheter quelque chose que pour y discuter affaires et politique avec les commerçants et les notables, qui, tous, appréciaient sa simplicité et son franc-parler. Il n'aurait renoncé pour rien au monde, chaque fois qu'il séjournait à Argos, au plaisir qu'il éprouvait à ces discussions sans fin, parfois vives, au milieu de la cohue et du bruit, des appels et des jurons, où chacun des intervenants apportait, à grand renfort de gestes expressifs, la solution miracle aux problèmes de la cité.

La grand-place rectangulaire, dallée de marbre, vers laquelle convergeaient toutes les rues étroites et tortueuses du centre-ville, la rue des Forgerons, la rue des Potiers, la rue des Corroyeurs... était entourée d'un élégant portique, très pratique quand la chaleur se faisait trop pesante ou la pluie trop drue. Pas moins de dix-huit temples, dont deux dédiés à la seule Aphrodite – quel hymne à l'amour ! –, donnaient sur ce portique, sans compter les bâtiments administratifs et les inévitables boutiques, simples baraques en planches aux auvents d'osier.

Hercule, après avoir répondu à de nombreux saluts et échangé quelques plaisanteries faciles pour se mettre en train, s'apprêtait à aborder un petit groupe d'habitués devant l'éventaire d'un gargotier, quand, soudain, la foule qui se pressait au centre de l'agora reflua en désordre sur les côtés, en se bouchant le nez, avec des exclamations de colère et de dégoût.

Hercule chercha ce qui pouvait bien perturber l'ordre public et, quand il l'eut trouvé, murmura :

« Oh, non, pas lui ! Hypnos, toi qui m'as tenu endormi toute la nuit, dis-moi que je rêve ! »

Coprée avançait pourtant vers lui, avec son air de chien battu, le nez ensanglanté et un œil au beurre noir.

« Ah, noble Hercule, que je suis heureux de te rencontrer enfin ! dit le serviteur d'Eurysthée en se mouchant dans sa tunique avant de reprendre son souffle.

— Ta joie et ta bonne forme font plaisir à voir ! s'exclama Hercule. Ton maître ne devrait pas te laisser sortir sans escorte. Que t'est-il encore arrivé ?

— Ne m'en parle pas, fils d'Alcmène ! Alors que je longeais les murs des maisons de la rue des Bouchers, une espèce d'excité est sorti à toute allure de chez lui, comme s'il avait le feu aux fesses. Or, tu sais que, par la faute d'architectes insensés, les portes ouvrent sur l'extérieur et non sur l'intérieur. Tu devines la suite. J'arrivais au même moment et j'ai pris la porte en pleine figure ! »

Les badauds, qui s'étaient un peu rapprochés pour ne rien perdre du dialogue sans être incommodés par Coprée, éclatèrent de rire, comme tous les badauds du monde en pareille circonstance.

« Et l'excité n'a pas porté plainte contre toi pour bris de clôture ? demanda Hercule sur un ton d'innocence que démentaient ses yeux plissés de jubilation.

— Tu te moques, invincible Hercule, mais quand je t'aurai délivré l'important et désagréable message dont a bien voulu me charger mon maître, qui est aussi, je le rappelle, celui de tous les Argiens..., lâcha Coprée en essayant de prendre un air plein de sous-entendus menaçants.

— Je me disais aussi, soupira Hercule, que tu ne me cherchais pas pour me souhaiter mon anniversaire ! Vas-y, nous t'écoutons. Tout le monde sera ravi d'entendre quel nouveau tourment me réservent la vénérable Héra et le lamentable Eurysthée. »

Et comme un crieur public, élevant la voix afin que nul n'en ignore, sur cette agora devenue brusquement silencieuse, Coprée récita sa leçon :

« Sa Majesté le roi Eurysthée t'ordonne...

— Tu veux dire "te supplie", j'imagine ? l'interrompit Hercule.

— Te demande instamment, poursuivit le messager qui voulait avoir le dernier mot, de te rendre au lac Stymphale, joyau de l'Arcadie, pour...

— Encore l'Arcadie ? l'interrompit pour la seconde fois Hercule. Quelle délicate attention ! J'adore l'Arcadie... et je la connais si mal !

— Pour en chasser, continua Coprée en se demandant avec inquiétude s'il arriverait au bout de son message, les oiseaux extraordinaires et maléfiques qui, depuis quelque temps, sont apparus sur ses bords. Non seulement ils attaquent les riverains à coups de bec, mais en plus leur fiente corrosive anéantit les récoltes...

— Espérons que son odeur est moins forte que la tienne ! » s'exclama un badaud au milieu de l'hilarité générale.

Coprée haussa les épaules en répliquant, drapé dans sa dignité :

« La bave des crapauds du Tartare n'atteint pas la blanche colombe d'Aphrodite !

— Hou ! Hou ! hurla la foule en chœur, plus par dérision que par menace.

— Qu'Héra, l'épouse irréprochable de Zeus, qui parle par la bouche d'Eurysthée, se rassure, déclara Hercule pour calmer les esprits. J'irai. La chasse aux canards a toujours été l'un de mes plaisirs favoris. Retourne à ta niche, Coprée, ou ton deuxième œil risque de subir le même sort que le premier. »

Le messager fit demi-tour en reniflant, et les Argiens continuèrent de le conspuer joyeusement tout en s'écartant avec prudence sur son passage. Hercule alla rejoindre enfin les clients de l'estaminet de l'agora, pour y manger, en leur compagnie, quelques salaisons arrosées de résiné, histoire d'attendre l'« ariston », le repas du midi souvent trop léger pour son légendaire appétit.

*

* *

Le lendemain, alors que l'aube, sur les collines, couvrait de rose l'orient du ciel, Hercule, qui avait revêtu, sous sa peau de lion, sa cuirasse dorée, prit sans se presser la route du Nord. Les maisons de pierre à un étage des habitants aisés laissèrent bientôt la place à des masures de plain-pied, aux murs de torchis peu solides, dont certaines ne comprenaient en tout et pour tout qu'une unique pièce. Au pied des deux acropoles, la haute et imposante Larissa et la plus modeste Aspis, se dressait, entouré de cornouillers et d'oliviers, le temple d'Apollon et Athéna. Hercule s'y arrêta, comme il le faisait souvent, pour offrir en sacrifice, sur l'autel décoré de guirlandes de fleurs, un superbe bœuf blanc acheté la veille chez le meilleur négociant en viande de la ville.

« Puissent ces deux divinités tutélaires me venir en aide ! » pria-t-il quand le couteau du sacrificateur trancha la gorge de l'animal.

Après la cérémonie, l'un des prêtres de service, vêtu de blanc et la tête couronnée de laurier, rattrapa Hercule à la sortie du temple. C'était un vieux bonhomme de prêtre, courbé par les ans, mais au visage illuminé par un merveilleux sourire de bonté.

« Le Sommeil, frère de la Mort, ne me visite plus guère, dit-il avec humour, surtout depuis qu'il sait que Thanatos se rapproche de moi... Pourtant, cette nuit, il a bien voulu m'envoyer un songe qui te concerne directement et dont j'ai le devoir de te faire part. »

Hercule ne put dissimuler une mimique d'incrédulité qui accentua le sourire du vieillard.

« Non, vaillant fils d'Alcmène, poursuivit-il. Ne te méprends pas sur mes cheveux blancs. La tête qu'ils recouvrent fonctionne encore très bien ! Écoute-moi, je te prie, avec attention. C'était le jour et je me tenais où nous sommes en ce moment, quand je vis debout, là devant moi, l'un sous ce cornouiller, l'autre sous cet olivier, deux personnages que je ne pouvais pas ne pas reconnaître immédiatement. Le premier était un beau jeune homme imberbe, avec un bandeau d'or sur la tête. Ses cheveux, d'un noir bleuté, divisés en longues tresses, descendaient dans son dos, avec sur le front quelques courtes tresses serrées. Il était vêtu d'une longue robe et tenait dans sa main gauche une cithare. L'autre personnage était une grande jeune femme, vêtue du cou jusqu'aux pieds d'une tunique plissée, et coiffée d'un casque à cimier. Elle tenait dans sa main droite une lance et dans sa gauche un bouclier rond décoré d'une Gorgone...

— Apollon et Athéna ! s'exclama Hercule.

— Athéna avait revêtu ses attributs de déesse guerrière, protectrice des Villes, et Apollon ceux du dieu de la Musique. Tous deux me regardaient avec bienveillance. C'est la sublime vierge qui prit la parole, et tout le temps qu'elle me parla, Apollon l'accompagna sur sa cithare d'une mélodie hypodorienne jouée en sourdine... »

Hercule, qui ne doutait plus de la véracité des propos du vieux prêtre, baisa respectueusement le bas de sa tunique blanche et l'encouragea à poursuivre :

« "Si celui que nous attendons toujours avec plaisir, commença la déesse, s'arrête demain en notre temple pour nous y honorer, en frère pieux et reconnaissant, dis-lui qu'il se méfie des oiseaux du Stymphale. Ces créatures fantastiques, vouées à Arès, ont un bec de bronze capable de percer une armure ordinaire, et des pattes et des plumes de même alliage. D'une voracité et d'une férocité sans égales, elles attaquent sans raison apparente bêtes et gens, aussi rapides que les lâches Harpyes, voleuses d'âmes et d'enfants. L'une n'a pas hésité, naguère, à blesser sérieusement à l'épaule le roi Oilée d'Oponte, en lui lançant, tel un javelot, une de ses plumes. Tout le monde sait, ici-bas et dans l'Olympe, qu'Arès, à la force brutale et irréfléchie, n'aime guère l'astucieux Hercule à la force tranquille. Il n'a pas oublié que notre champion a toujours été à nos côtés dans les querelles qui nous ont opposés à lui, tant il est indéniable que le pusillanime dieu de la Guerre n'a pas notre sympathie. Il n'a surtout pas oublié comment, un jour qu'ils combattaient devant les murs de Pylos, dans le Sud du Péloponnèse, chacun dans un camp, Hercule le blessa et le ridiculisa en lui subtilisant ses armes."

« À ce souvenir plaisant, Athéna émit un long rire cristallin et la cithare d'Apollon, interrompant sa majestueuse mélodie, se lança dans une cascade de notes guillerettes. Quand elle eut recouvré son sérieux, la sage déesse reprit :

« "Arès prétend que, si ses oiseaux terrorisent les riverains du Stymphale, c'est parce qu'ils ont été chassés du ravin perdu où ils nichaient, dans la région d'Orchomène, par les hurlements des loups ! Comment de tels monstres auraient-ils pu avoir peur d'une meute de loups ? C'est une histoire pour petits enfants qu'Arès nous conte là ! En fait, c'est lui-même qui a déplacé ses oiseaux fétiches, pour complaire à Héra, tous deux ravis d'unir leurs efforts dans le dessein de tendre un piège à Hercule. Comment ce dernier renoncerait-il, en effet, à un travail officiellement ordonné par Eurysthée, et dont la finalité serait de délivrer une population innocente d'une agression venue du ciel ? Si Hercule, que je considère comme mon frère, a besoin de moi, qu'il..." À ce moment-là, la cloche du temple sonnant le réveil du Soleil a mis fin à mon songe. Mes divins visiteurs avaient disparu.

— Noble prêtre, s'écria Hercule, je ne te remercierai jamais assez de toutes ces informations. Ma déesse préférée a parlé par ta bouche. Grâce à toi, j'accomplirai mon destin, confiant une fois de plus. Qu'Hadès se détourne de toi !

— Bonne fortune à toi surtout, mon jeune ami aux yeux brillants, répondit le vieux prêtre à Hercule qui reprenait son chemin. Au plaisir de te revoir à ton retour, si les Moires le veulent bien. »

*
* *

Quelques kilomètres plus loin, Hercule longea sur sa droite l'enceinte du plus important sanctuaire d'Argolide consacré à Héra. Ville à côté de la ville, c'était un vaste ensemble de bâtiments de toute nature, dont les célèbres trésors renfermant les dons des pèlerins des villes de Grèce. Ils semblaient construits les uns sur les autres, au milieu des arbres et des fleurs, sans souci d'ordonnancement, le long d'une voie sacrée tortueuse qui aboutissait à la terrasse du temple proprement dit. Au centre du parvis, se dressaient l'autel des sacrifices et la statue monumentale de la déesse.

Hercule s'apprêtait à y faire une petite halte de courtoisie à l'égard de l'épouse de Zeus, quand il aperçut, garé le long de la voie sacrée, le char de cérémonie d'Eurysthée.

« Laissons-le à ses dévotions obséquieuses, murmura le héros, et passons notre chemin. »

Le soir même, il logeait à Némée chez le vieux Molorchos. Dès qu'il le vit arriver du coin de la maison, le chat noir, qui avait pris de l'embonpoint, vint se frotter, en miaulant de tendresse, contre ses jambes.

*

* *

Depuis qu'il avait quitté l'Argolide pour entrer en Arcadie, Hercule grimpait une route difficile, peu fréquentée, entre deux montagnes dont les sommets, avec leurs deux mille mètres, apportaient fort opportunément un peu d'ombre et de fraîcheur. Avant que le char du Soleil fût arrivé au mitan du ciel, Hercule se trouvait en vue du lac Stymphale. Celui-ci, qui offrait, à la fonte des neiges, une vaste étendue d'eau limpide, d'une beauté certaine, perdait beaucoup de son intérêt avec l'arrivée de l'été et de la sécheresse. Alimenté par un petit torrent au débit irrégulier, il devenait alors, en quelques semaines, un immense marécage malodorant que les moustiques et les roselières inextricables rendaient totalement inhospitalier. Seul un chenal, épousant l'axe de la vallée, permettait encore aux barques de le traverser dans toute sa longueur. Sur sa rive sud croissait, du sommet des montagnes jusqu'au bord de l'eau, une sombre forêt qu'on devinait hostile, et sur sa rive nord, distante d'une demi-lieue à peine, on apercevait les murailles et l'acropole de la cité du roi Stymphalos.

Ce dernier était un roitelet débonnaire, amateur de plaisirs simples, un pacifiste dépourvu d'ambitions territoriales, que les grands du Péloponnèse avaient oublié là parce qu'il ne leur portait pas ombrage. Cela dit, sa ville, comme endormie en apparence dans ce creux de vallée à l'écart de tout passage, ne manquait pas d'attraits, avec ses fontaines, son stade, ses nombreux temples. Son acropole, que dominaient le grand temple d'Artémis et le manoir royal, veillait sur quelques rues aux maisons blanches de pêcheurs et de cultivateurs, avec juste ce qu'il fallait d'artisans et de commerçants pour que tout le monde puisse vivre en autarcie.

En regardant le ciel désert au-dessus du lac, Hercule décida de se diriger vers la ville pour s'y reposer aux heures chaudes et tenter d'y glaner quelques renseignements supplémentaires.

Après avoir longé des cultures couvertes de fiente d'oiseau et traversé un champ de blé dont la plupart des épis semblaient avoir séché sur pied, il approchait sans bruit d'une prairie fleurie au bas des remparts, lorsque son attention fut attirée par des cris et des rires insouciants de jeunes filles. Le spectacle qui s'offrit alors à lui le fit s'arrêter, stupide, embarrassé de sa massue et de ses autres armes, comme si elles eussent été, en l'occurrence, d'une incongruité navrante.

Assises dans l'herbe, à l'ombre d'un platane séculaire, une dizaine de jeunes filles, plus ravissantes les unes que les autres, vêtues de courtes tuniques pastel qui ne cachaient de leurs charmes que ce qu'elles voulaient cacher, devisaient joyeusement devant un pique-nique de viandes froides, de salades, de fruits et de petits gâteaux. Debout, à quelques mètres d'elles, cinq ou six vieux soldats, tous munis d'un grand bouclier rond, scrutaient avec conviction le ciel étincelant.

Quand elles aperçurent le héros, superbe et impressionnant dans sa peau de lion et sa cuirasse dorée, au lieu de se taire ou de paraître effrayées, elles se levèrent toutes d'un bond et se précipitèrent vers lui pour l'entourer, en chantant, d'une farandole endiablée, leurs pieds nus semblant ne jamais toucher le sol. Toutes, sauf une, la plus belle, peut-être, la plus ensorcelante, sûrement, âgée de dix-sept ans à peine, grande et mince fille brune aux yeux émeraude, vêtue d'une tunique blanche qui dégageait ses épaules bronzées et mettait en valeur les rondeurs parfaites de sa poitrine, des accroche-cœurs sur le front mais la masse de ses cheveux flottant librement dans son dos. Une couronne de myrte ornait sa tête et, autour de son cou, brillait un collier de petites perles.

« Allons, allons, les filles, un peu de calme, s'il vous plaît, dit-elle avec une tendre autorité en frappant dans ses mains. Vous assommez notre hôte qui vient sans doute de faire une longue marche, au lieu de l'accueillir avec la retenue qui sied à des jeunes filles bien élevées. Je m'appelle Parthénopè, ajouta-t-elle à l'adresse d'Hercule. Je suis la fille du roi Stymphalos. Les Harpyes ont emporté ma mère alors que j'étais enfant. Et ces dévergondées qui te harcèlent sont mes servantes et amies. »

Sa voix chaude et caressante sembla à Hercule celle d'Aphrodite elle-même, et il restait muet comme une carpe du lac Copaïs, fasciné, les bras ballants, au point que la princesse, amusée, reprit, pour le mettre à l'aise :

« Je sais que tu es l'inégalable Hercule. Le bruit de tes exploits est parvenu jusqu'à nos confins. Viens donc t'asseoir et te restaurer, si le babil de jeunes filles insignifiantes ne t'importune pas », proposa-t-elle, taquine.

Le héros obéit comme un automate, mais recouvra vite ses esprits quand il eut dévoré, le plus élégamment qu'il put, sous l'œil ébahi des servantes, deux poulets entiers, arrosés d'une cruche d'eau fraîche teintée d'un peu de vin.

« Princesse, et vous, jeunes filles, dit-il enfin, comprenez ma surprise quand je vous ai découvertes ici, belles et libres de toute angoisse, comme si vous vous étiez trouvées sur une plage de la baie d'Argos. Je ne pensais pas arriver au lac Stymphale sous d'aussi heureux auspices. Que les dieux en soient loués !

— C'est que, noble ami – car tu me permets de t'appeler ainsi, n'est-ce pas ? –, lui répondit Parthénopè en battant des cils, nous avons appris à vivre sous la menace et à maîtriser notre peur. À nous prémunir aussi. D'où cette escorte militaire et ces boucliers au blindage renforcé qui remplacent nos ombrelles... Et puis, les oiseaux d'Arès n'attaquent généralement que le matin et le soir, pour se nourrir à nos dépens. Ensuite, ils retournent se réfugier et digérer leurs forfaits dans les arbres de l'impénétrable forêt, là-bas, de l'autre côté du lac. Nous avons tout tenté pour en venir à bout. Sans succès, hélas ! Ils semblent indestructibles... Qui les tuera ou simplement les obligera à fuir ?

— Mais moi ! s'exclama Hercule en bombant le torse, ne serait-ce que pour vous être agréable. »

Il se garda de préciser qu'il était venu tout exprès pour cela !

« Merci, murmura la princesse les lèvres tremblantes.

— Il me faut, malgré moi, m'arracher à votre gracieuse compagnie, décida brusquement le héros en se levant pour éviter un excès d'attendrissement. Mais je reviendrai dès que j'en aurai terminé avec ces oiseaux de malheur. Mille grâces pour votre accueil, princesse, ainsi qu'à vous, jeunes filles !

— Tiens, dit Parthénopè en enlevant de sa tête sa couronne et en la lui tendant. Que ce rameau de myrte te porte chance !

— Il sera pour moi la meilleure des amulettes », assura-t-il, beaucoup plus ému qu'il ne voulut le laisser voir, et il glissa la couronne entre sa tunique et sa cuirasse.

Toutes les servantes se mirent à pouffer derrière leurs mains en regardant les yeux embués de leur maîtresse. Qui ignorait que le myrte, cher à Aphrodite, était un gage d'amour ?

« Idiotes ! » lança la princesse, en tapant du pied, comme si elle était vraiment en colère.

*
* *

Escalader la montagne abrupte, pour gagner la forêt par le sommet, eût demandé des jours d'efforts pénibles et un équipement spécial. Hercule renonça à cette solution pour emprunter une barque à fond plat qui le conduisit, par le chenal, au centre du lac. De là, il put observer longuement les roseaux et la forêt loin derrière. Vouloir l'atteindre par le lac se révéla vite impossible tant la végétation aquatique était impénétrable. Ayant regagné la terre ferme, il se frotta le visage, les bras et les jambes de citronnelle, l'herbe d'Artémis efficace contre les moustiques. Il se décida à longer la rive sud en pataugeant dans le marais, comme au bon vieux temps de l'hydre de Lerne, dans l'espoir d'atteindre au moins une petite colline qu'il voyait émerger du lac, à l'orée de la forêt. Il enfonça bientôt jusqu'aux genoux. Tirer de la vase chaque jambe l'une après l'autre, dans un affreux bruit de succion, réclamait une dépense d'énergie hors de proportion avec le résultat obtenu. Au bout d'une heure, il n'avait parcouru que quelques dizaines de mètres. C'est alors que, levant la tête pour s'éponger le front, il les vit. Quatre oiseaux pansus, au long bec et aux pattes effilées, tournaient très haut au-dessus de lui. N'eussent été leur vol lourd et leur couleur uniformément brun verdâtre, on aurait pu les prendre pour de paisibles grues cendrées.

Soudain, alors que le héros se résignait à faire prudemment demi-tour pour rejoindre un sol plus consistant où il serait moins vulnérable, une plume de bronze ricocha en sifflant sur sa cuirasse tandis qu'un des oiseaux, sans doute plus hardi ou plus affamé que ses congénères, fondait sur lui en piqué comme un rapace. Hercule le cueillit d'un revers de massue et le fit voler en éclats dans les roseaux. Les trois autres, loin de se décourager, plongèrent à leur tour. Hercule attendit que leur bec s'escrime à perforer sa peau de lion et sa cuirasse, et poussant un grand cri de victoire, il leur tordit le cou un à un dans un bruit de métal broyé.

Parvenu non sans mal à s'extirper de la gangue boueuse, il reprit son souffle et embrassa en souriant la couronne de myrte. Deux oiseaux, méfiants, quittèrent lentement le couvert des arbres et s'élancèrent dans le ciel en direction de la ville. Hercule leur tira une flèche qui passa entre eux, sans les toucher. Cette tentative infructueuse eut pourtant pour résultat de faire rebrousser chemin aux volatiles.

Hercule guetta jusqu'au soir, sans succès : ses adversaires ne tentèrent pas d'autre sortie. Les malheureux riverains y gagnaient un peu de répit, mais le problème restait entier pour le lendemain. Comment s'approcher suffisamment de la forêt ? Comment contraindre les oiseaux à s'envoler ? Ces deux questions résolues, le héros se faisait fort de les exterminer jusqu'au dernier, dût-il avoir besoin, pour cela, de cent soirs et de cent matins !

« À chaque jour suffit sa peine, se dit-il finalement. Songeons maintenant à notre souper. »

Il s'installa près d'une source et alluma un feu de branchages pas trop secs pour que la fumée tienne les moustiques éloignés. Après avoir tué un jeune chevreuil, il le dépeça, le vida et le mit à la broche, farci de thym et de romarin. Certes, un canthare de vin eût été le bienvenu, mais un soldat en campagne se doit de ne pas avoir d'exigences.

La Nuit était déjà bien avancée, en compagnie de ses bons et de ses mauvais génies, quand le Sommeil invincible s'empara du héros vaincu par la fatigue.

*
* *

L'Aurore au pied léger glissait à la surface du lac lorsque Hercule s'éveilla, aussi indécis que la veille. La Nuit ne lui avait pas porté conseil. Assis, il tortillait, perplexe, la barbe de son menton en invoquant machinalement les lumières de l'ingénieuse Athéna quand celle-ci, le prenant au mot, chaussa ses plus belles sandales et, vêtue seulement, par-dessus sa tunique, de sa légendaire cuirasse en peau de chèvre, descendit des cimes de l'Olympe et se tint debout devant lui, les mains curieusement cachées derrière son dos.

Hercule se sentit tout de suite mieux. Athéna et lui avaient toujours été unis par une grande complicité. Il se leva et la salua avec respect. Elle avait horreur des familiarités.

« Je ne dispose que de peu de temps car Héra ne me lâche pas d'une semelle, commença à dire Athéna. Je vais donc droit au but. Tu ne pourras faire sortir les oiseaux d'Arès de leur forêt qu'en les effrayant par un tintamarre inhabituel, un boucan digne des forges d'Héphaïstos quand elles tournent à plein régime. Ce qu'Arès prétend que les loups d'Orchomène ont réussi, tu dois le réussir. Quand les oiseaux, affolés, quitteront l'abri des frondaisons pour chercher leur salut dans toutes les directions, tues-en le maximum. Ça servira de leçon aux autres !

— Soit, habile déesse. Je suis, certes, doté d'un bel organe, mais de là à hurler tout seul plus fort qu'une meute de loups..., fit remarquer Hercule.

— Je t'ai apporté un objet qui fera autant de

bruit qu'un tremblement de terre. Regarde, dit Athéna heureuse de sa surprise.

— Des castagnettes ? s'écria le héros interloqué.

— Oui, admit Athéna, mais pas n'importe lesquelles. Forgées tout exprès par Héphaïstos, je t'assure qu'elles décoiffent ! Nous les avons testées sur l'Olympe et Zeus a cru, un moment, que nous lui avions dérobé son tonnerre.

— Mais, déesse, mon amie, je suis un combattant, pas un saltimbanque ! s'exclama Hercule atterré.

— Pas de caprices, je te prie, dit Athéna sévère. D'autant que tu seras le seul témoin de ton... exhibition musicale. À part les moustiques et les crapauds !

— Et les dieux de l'Olympe au grand complet ! fit-il avec un sourire amer.

— Pour une fois qu'ils auront l'occasion de se réjouir d'un spectacle qui se déroule sur Terre !

— Les hommes offriraient plus souvent un spectacle digne d'eux si les dieux leur montraient l'exemple, dit Hercule avec un brin d'agressivité.

— Ah ! fils d'Alcmène, pas d'impertinences, s'il te plaît, cria Athéna en le menaçant du doigt. D'ailleurs, il faut parfois accepter de paraître ridicule pour arriver à ses fins ! Et puis cesse de faire le raisonneur, tu m'embêtes ! Tu vois cette colline dont un éperon rocheux surplombe le lac en lisière de forêt ?

— J'ai essayé d'y aller hier. On l'appelle, je crois, le mont Cyllène, répondit-il.

— Exact. Épytos, "le Retentissant", y a son tombeau.

— Connais pas ! fit Hercule bougon.

— C'est un héros de l'Argolide qui mérite son séjour chez les Bienheureux, expliqua Athéna, et son nom est plus qu'une coïncidence ! Je te conseille de grimper sur cet éperon et d'y jouer des castagnettes, un point c'est tout. Ma parole, je ne t'ai jamais vu aussi négatif ! »

Ainsi parla, péremptoire, la déesse aux yeux pers, puis, sans crier gare, une mini-tornade blanche l'emporta dans les cieux.

Hercule haussa les épaules, prit les castagnettes d'airain qui pesaient un bon poids, et entra, comme la veille, dans le marais. Il atteignit la petite plate-forme rocheuse, pompeusement appelée le « mont » Cyllène, plus vite et plus facilement qu'il ne s'y attendait. Athéna lui aurait-elle aussi donné des ailes ? Et là, ses réticences laissées dans le marais, il se lança aussitôt dans un étourdissant solo de castagnettes, en l'accompagnant, au point où il en était, de la plus bruyante et de la plus impressionnante danse guerrière, celle inventée par les démons Curètes pour couvrir les pleurs de Zeus bébé.

« Si Eurysthée me voyait ! » eut-il le temps de penser avant de se laisser emporter comme un zombie par le maelstrom sonore. Quant au squelette d'Épytos, il fit trois tours sur lui-même dans son tombeau !

Athéna, l'astucieuse, avait deviné juste. À peine le retentissant claquement d'airain des castagnettes d'Héphaïstos eut-il résonné à la surface du lac, amplifié encore par l'écho, et propagé comme un ouragan sur la forêt, que, en craquetant de panique et de désespoir, les oiseaux du Stymphale quittèrent tous ensemble leur refuge sylvestre. Obscurcissant le ciel au-dessus du lac, ils se mirent à tournoyer dans tous les sens et à se heurter les uns les autres dans leur volonté irraisonnée de fuir au plus vite ce fracas inconnu et terrifiant.

Hercule, laissant l'écho continuer seul son œuvre, prit son arc et, à une cadence qu'Apollon, l'archer divin, apprécia, tira flèche après flèche sur les hideux volatiles désorganisés. Par dizaines, ils tombèrent morts à la surface du lac dans un bruit de grêlons. Les rescapés, trop contents d'avoir la vie sauve, franchirent le sommet des montagnes et disparurent à l'horizon.

« Dommage que je n'aie pas pu en attraper un

vivant, se dit le héros. Je l'aurais rapporté pour la volière d'Eurysthée ! » Il ne savait pas qu'il en retrouverait quelques-uns, bien des années plus tard, encore hébétés, sur une île de la mer Noire.

*
* *

Lorsqu'elle entendit le vacarme insolite et assourdissant dû aux castagnettes d'airain, la population de la ville, incrédule, se précipita en masse sur les remparts, et put ainsi assister, soulagée, à l'invraisemblable déroute des oiseaux tueurs. Quand le héros fut en vue, une foule en délire emplit les rues pour se porter à sa rencontre. Fier et imposant malgré la boue séchée qui le recouvrait, il franchit la porte de l'enceinte entre deux haies d'acclamations, accueilli en fanfare par les deux uniques trompettes de la garde royale. Sur une estrade décorée de laurier, l'attendaient le roi lui-même, en grande tenue, entouré de ses courtisans et des dignitaires de la cité, et la princesse Parthénopè, plus séduisante que jamais au milieu de ses servantes bouche bée d'admiration. Hercule n'eut aussitôt d'yeux que pour elle, au point que le roi, brave homme pour qui seuls comptaient le bonheur de sa fille et le bien-être de ses sujets, s'en rendit compte avec amusement.

« Noble et invincible héros, s'écria-t-il. Dans mes bras !... – qui ne valent évidemment pas ceux de ma fille, ajouta-t-il tout bas à l'oreille d'Hercule quand ils s'étreignirent. Demain, poursuivit-il de nouveau à voix haute, nous irons en procession offrir un sacrifice à Artémis, la déesse de notre ville, et nous suspendrons dans son temple quelques effigies en bois des oiseaux du Stymphale que je vais demander à mes sculpteurs de réaliser immédiatement. »

Le roi se tut un instant pour laisser à son peuple le temps de l'applaudir.

Hercule pensa que, cette fois-ci, la divine chasseresse n'y était pas pour grand-chose, mais préféra garder ses réflexions pour lui. Les dieux de l'Olympe sont si susceptibles !

« Pour te remercier de la vaillance que tu as bien voulu mettre à notre service, reprit Stymphalos à l'intention du héros, j'organise ce soir, en ton honneur, un souper officiel, et puisque j'associe la princesse à mes affaires, je ne m'opposerai pas à ce qu'elle participe à cette petite fête à nos côtés... si elle le désire, évidemment. Le souper sera suivi, comme il se doit, d'un banquet où les plus résistants pourront boire et chanter jusqu'à l'aube.

— Tes désirs ne sont-ils pas toujours des ordres, père, répondit Parthénopè avec une soumission pleine de coquetterie, et ne t'ai-je pas toujours obéi ? Je viendrai donc au repas si tu penses que cela peut plaire à notre hôte, mais n'assisterai pas au banquet. J'aurais trop peur que, l'ambiance m'y poussant, je ne demande au héros de la fête un aperçu de ses talents de joueur de castagnettes, ajouta-t-elle avec une ironie qu'atténuait l'éclat tendre de ses yeux. Il ferait s'enfuir mes blanches colombes et Aphrodite ne nous le pardonnerait pas... »

En entendant prononcer le nom de la déesse de l'Amour, Hercule se souvint fort à propos de la couronne de myrte qu'il portait contre sa poitrine. Il la sortit toute flétrie et la tendit à la princesse en disant :

« Je vous rends cette amulette qui m'a tant porté chance... à condition que vous m'en tressiez une autre avant mon départ. » Puis il ajouta, après avoir marqué un temps d'arrêt comme s'il réfléchissait à quelque formule profonde : « Sachez aussi, jeune fille, qu'il faut parfois accepter d'être ridicule pour parvenir à ses fins. Et puisque vous ne savez pas ce que sont désormais mes fins, gardez-vous de me mettre au défi.

— Bien répondu, fils d'Alcmène ! » s'écria le roi au milieu des murmures approbateurs de ses courtisans.

Parthénopè rougit un peu, mais quand son regard vert croisa celui du héros, elle ne cilla pas. La princesse avait du caractère, et cela lui plut. L'Amour infatigable, qui avait déjà frappé maintes fois Hercule de ses flèches, venait de lui en planter une nouvelle dans le cœur, sans que ni la cuirasse dorée ni la peau du lion de Némée ait pu en dévier le cours.

Le héros, comme un triomphateur, prit à pied la tête du cortège royal pour un défilé à travers la ville jusqu'à l'acropole, mais il marchait sans rien voir ni rien entendre, sur un petit nuage rose...

*
* *

Après que les servantes du manoir lui eurent fait prendre un bain chaud, suivi d'un massage à l'huile de Chypre aux senteurs balsamiques, Hercule ne revêtit que sa tunique de lin lavée et légèrement parfumée à la rose. À la tombée du jour, il se présenta dans l'antichambre qui précédait la salle à manger, où deux esclaves égyptiens lui lavèrent les pieds, selon l'usage, et le chaussèrent de sandales neuves. Le roi lui-même et la princesse le conduisirent à travers la salle décorée de fleurs fraîches, où tous les convives, déjà installés, bavardaient coupe en main, jusqu'à son lit de banquet sur lequel il s'assit, jambes tendues, le dos appuyé à des coussins de plume. Le roi et la princesse prirent place sur des lits de chaque côté de lui. Parthénopè avait coiffé ses cheveux noirs en longues tresses qui descendaient jusqu'à ses reins. Sur son front elle avait posé un diadème de feuilles de laurier en or, et à sa cheville et son poignet gauches fixé un bracelet serpentiforme en or. Sa tunique blanche, très courte, maintenue à l'épaule par une fibule d'or représentant un dauphin, et fendue sur les côtés, ne cachait rien de ses longues jambes au galbe parfait, hâlées subtilement par la vie au grand air. Parthénopè embaumait le discret lis blanc.

Une servante à la coiffure bouclée leur lava les mains avec l'eau d'une aiguière en verre de Phénicie, tandis qu'une autre, aussi court vêtue que sa maîtresse, leur servait un mélange de vin de Smyrne et de fromage de chèvre râpé qu'elle posa sur les tables rondes à trois pieds placées à côté de chaque lit.

Quand les plats de poisson farci et de viande rôtie se succédèrent à un rythme soutenu, Hercule comprit que Stymphalos avait bien fait les choses, et en gourmet gourmand, il se laissa emporter par les délices de la table. À sa gauche, Parthénopè le regardait dévorer, admirative, se contentant, pour sa part, de picorer du bout des doigts dans son plat. La conversation entre les convives s'anima lorsque l'esclave échanson, après avoir mélangé, dans un nouveau cratère, deux tiers de vin à un tiers d'eau, remplit les coupes. Comme à l'accoutumée, Hercule, jamais à court d'anecdotes, sut se montrer un conteur jovial et intarissable, et il ne se sentait jamais autant heureux que lorsque Parthénopè éclatait d'un joli rire à l'une de ses plaisanteries.

Alors que commençaient à circuler fruits exotiques et gâteaux au miel et à l'anis, Stymphalos, le visage déjà bien échauffé, frappa dans ses mains et s'écria :

« Mes amis, place maintenant au banquet ! Qu'entrent les musiciens, les danseurs et les acrobates, et que l'on remplisse à ras bord les canthares ! La nuit qui commence sera chaude et longue ! »

Parthénopè se leva de son lit en frôlant, comme par inadvertance, de sa cuisse nue le bras du héros, et en faisant signe à ses suivantes de rester dans la salle, sortit seule, avec nonchalance, pour prendre l'air et tenter ainsi de calmer les mouvements accélérés de son cœur.

« Tant pis pour l'ivresse et les réjouissances graveleuses du banquet ! » se dit Hercule, et bien que son départ de la salle ne pût échapper à l'œil encore vigilant de Stymphalos, il sortit à son tour. Il rejoignit la jeune fille au bord de la terrasse, prit dans sa grosse main sa petite main qu'elle lui abandonna, tremblante, et tous deux restèrent ainsi immobiles et silencieux à regarder miroiter le lac d'un bleu métallique, leurs deux poitrines battant à l'unisson.

« Je trouve Sélénè bien curieuse ce soir, dit enfin Parthénopè en désignant le disque blanc, énorme, de la Lune qui semblait ne briller que pour eux.

— Sans doute nous surveille-t-elle pour nous empêcher de faire des bêtises, suggéra Hercule en souriant.

— Dans ce cas, je sais un endroit que ses rayons n'atteindront pas », assura la jeune fille, et de sa main devenue ferme tout à coup, elle entraîna le héros vers ses appartements.

Dans la chambre de la princesse, sur un grand lit d'olivier incrusté d'argent et d'ivoire, reposaient, côte à côte, deux couronnes de myrte.

*
* *

Hercule avait depuis longtemps laissé derrière lui le lac Stymphale et oublié sa couronne de myrte, quand Sélénè, à regret, se décida à quitter lentement son champ d'étoiles, poursuivie par les chevaux fringants du Soleil.

*
* *

Neuf mois plus tard, le roi Stymphalos fut l'heureux grand-père d'un petit Évérès, en fait un fameux gaillard que sa maman, très fière de lui, s'efforçait d'endormir en lui chantonnant avec nostalgie :

« Dors, mon fils, mon bel oiseau, dors,
Mon héros sans cuirasse d'or,
Pour que ton père un soir encore
Revienne dire qu'il m'adore,
Ton père en sa cuirasse d'or.
Dors, mon fils, mon bel oiseau, dors... »

6

Hercule et les écuries d'Augias

« Entre, mon cousin, je t'en prie. Assieds-toi. Non ? Tu préfères rester debout ? C'est égal. Tu es ici chez toi... enfin, si j'ose dire. Je ne sais pas ce qui m'arrive ce matin. Je suis tout tourneboulé. Il y a des jours ainsi, où j'ai tendance à mettre les deux pieds dans le même cothurne. Les soucis. La fatigue, Hercule. La royauté est d'un poids si lourd. Et ces imbéciles de serviteurs qui me font enrager. Sais-tu qu'ils osent se moquer de moi derrière mon dos ?

— Non ? » fit Hercule en souriant.

Eurysthée, sans sceptre ni couronne, avec encore sur le visage son masque de beauté posé la veille au soir, offrait un plaisant spectacle et le héros dut se pincer pour ne pas éclater de rire.

« Mais avant d'en venir aux choses sérieuses, très cher, nous allons d'abord partager une collation...

— Merci, j'ai déjà pris mon petit déjeuner, dit Hercule méfiant.

— À ta guise, très glorieux. Ah, où en étais-je ? poursuivit Eurysthée en arpentant, pieds nus, la grande salle de son palais comme s'il était en proie aux pires difficultés. Oui, je faisais allusion au métier de roi et à ses servitudes, et à mes problèmes domestiques. Mais qui peut se vanter d'être encore servi de nos jours, hélas !...

— J'ose croire, l'interrompit Hercule qui commençait à s'énerver, que tu ne m'as pas convoqué aux aurores, alors que tu as, paraît-il, tant à faire et que tu es toujours en vêtements de nuit, pour me parler des carences vraies ou supposées de ton personnel ?...

— Par Dionysos, que tu es impulsif ! Tu me causes déjà de telles frayeurs avec ta vilaine peau de lion... D'abord, il n'est jamais trop tôt pour bavarder entre cousins, affirma Eurysthée la main sur le cœur, et puis, pour tout t'avouer, j'ai besoin de toi... ou plutôt, un ami a besoin de toi !...

— À la bonne heure ! s'écria Hercule soulagé.

Qu'Ilithye, fille d'Héra, qui préside les naissances, t'aide à accoucher !

— Comme tu es impatient ! sourit Eurysthée sans se formaliser. Mon fidèle Coprée est arrivé hier soir de chez mon confrère Augias qui, comme tu ne l'ignores pas, règne avec éclat sur l'Élide – par parenthèse, un moins beau royaume que le mien ! Je ne comprends d'ailleurs pas pourquoi Coprée me demande sans cesse des permissions exceptionnelles pour se rendre à Élis. Que peut-il trouver d'intéressant à fréquenter le palais de ce toucheur de bœufs ? Bref, voici qu'il me revient porteur d'une missive bouleversante d'Augias – j'en tremble encore –, dans laquelle celui-ci me fait part, en termes désespérés – si, si, je t'assure –, des graves ennuis que lui occasionne l'entretien de ses domaines. Ses esclaves sont atteints les uns après les autres d'une espèce de maladie de langueur qui les rend inaptes au travail. Et ses contremaîtres – juge toi-même de l'horreur ! – n'ont plus la force de manier le fouet pour les remettre d'aplomb. Augias me demande de lui envoyer le plus vite possible quelqu'un de sûr et d'efficace pour le seconder. J'ai tout de suite pensé à toi, héros du Péloponnèse, tu es si solide, si compétent... Et si tu acceptes d'aller servir chez Augias, je te compterai cela comme un travail, bien qu'il ne s'agisse aucunement de combattre des monstres ni de faire étalage de qualités surhumaines...

— Encore heureux ! s'exclama Hercule. Mais tant qu'à aller en Élide, j'aurais mieux aimé la cité d'Olympie qu'Élis la capitale. C'est curieux, mais Olympie occupe mes songes depuis quelque temps. J'ai l'impression que je serai amené à y faire de grandes choses un jour...

— Mais toutes les villes sur le destin desquelles tu te penches s'en trouvent grandies, crut devoir affirmer Eurysthée. Pourquoi pas, un jour, Olympie ?

— Trêve de flagornerie, cousin, dit Hercule agacé, puisque j'accepte et pars sans délai. Toutefois, comme le chemin est long, je vais demander à mon neveu Iolaos de m'y accompagner avec son char. Je serai ainsi plus vite à pied d'œuvre et c'est ce qu'Augias et toi souhaitez, n'est-ce pas ?

— Certes, fils d'Alcmène. Agis au mieux. Bonne fortune et mes amitiés à Augias ! »

Hercule quitta l'acropole de Tirynthe en se demandant ce que pouvaient bien cacher d'odieux cette étrange amabilité d'Eurysthée, ce soudain besoin qu'il avait éprouvé de le recevoir lui-même malgré sa peur viscérale, et si tôt, lui qui avait horreur d'être vu au saut du lit sans ses attributs royaux ni sans aucun des artifices que, chaque matin, lui concoctaient ses servantes, pour qu'il parût à peu près présentable. S'il avait pu voir le rictus de triomphe que celui-ci arbora en se frottant les mains dès qu'il fut parti, et s'il avait pu avoir accès à ses pensées torves, voilà ce qu'il aurait découvert :

« Cours, mon beau cousin, cours chez ce bouseux d'Augias. Oh ! comme il va t'humilier ! Oh ! comme nous allons t'humilier ! »

*
* *

Cinquante lieues séparaient Tirynthe d'Élis, qui avait donné son nom à l'Élide, dans le Nord-Ouest du Péloponnèse, comme Argos avait donné le sien à l'Argolide. Une région prospère de collines et de plaines couvertes de cultures et de pâturages intensifs, qui s'étendait jusqu'à la mer Ionienne.

Le roi Augias, « le Brillant », était un mortel comblé. Fils préféré d'Hélios, le Soleil – excusez du peu, même si les enfants du Soleil étaient plus nombreux que les rayons des roues de son char céleste –, il avait hérité de son père douze taureaux blancs extraordinaires, reproducteurs incomparables dont le plus performant, le plus « brave » aussi, répondait au joli nom de Phaéton. Là ne s'arrêtait pas la chance d'Augias. Alors que tous les animaux de la Terre étaient, comme les humains, périodiquement victimes d'épidémies mortelles qui rendaient difficile et aléatoire le métier d'éleveur, les bêtes d'Augias étaient mystérieusement protégées de toute maladie grave, et les vaches mettaient bas, chaque année, sans perdre un seul de leurs petits. Était-ce dû à la paternelle sollicitude d'Hélios ou au talent de guérisseuse d'Agamédè, la fille d'Augias, magicienne réputée pour sa connaissance des plantes médicinales ? Personne, et surtout pas Augias, ne s'en souciait...

En quelques années, il s'était donc trouvé, par la force des choses plus que par ses mérites, à la tête d'immenses troupeaux de bovins comprenant la bagatelle de deux cents taureaux rouges et trois cents noirs à pattes blanches, dont il faisait plus de cas que de ses milliers de vaches laitières. Les douze super-mâles blancs veillaient, dans les pâturages, sur la tranquillité de leurs congénères, et malheur aux prédateurs qui, descendus des montagnes boisées, s'approchaient trop près des veaux et des génisses !

Le roi Augias était désormais l'éleveur le plus riche de tout le Péloponnèse, voire de toute la Grèce et de tout le monde connu, comme il le prétendait lui-même sans fausse modestie.

Bien qu'il ne fût pas d'une nature cruelle ou cupide, son ascendance reluisante et sa bonne fortune insolente avaient fini par lui monter à la tête, et il régnait, volontiers vaniteux et colérique, d'une main de fer sur tous les Éléens, ses esclaves, ses sujets libres, sa femme et ses enfants. Cela ne l'empêchait nullement de négliger ses troupeaux et l'entretien des bâtiments dans lesquels ils passaient la nuit et le gros de l'hiver, puisque, immuablement, ses affaires marchaient toutes seules, sans anicroche. Et de préférer, à ces tâches fastidieuses de gestion et de surveillance, l'organisation de banquets somptueux et coquins, où il conviait, pour des beuveries sans fin, ses courtisans et courtisanes, les autres rois ses voisins et tous les parasites qu'attirent comme des mouches l'argent et le succès.

Or, plus ses troupeaux proliféraient, plus ils produisaient de fumier que ses milliers d'esclaves évacuaient, comme ils pouvaient, dans les champs des environs. Et plus les champs recevaient de fumure en excès, plus les récoltes pourrissaient et plus les sources et les cours d'eau s'en trouvaient pollués. Quant à l'odeur, elle commençait à incommoder les habitants d'Élis et l'on comptait plus de brûle-parfums dans leurs maisons que dans tout le reste de la Grèce. On observait aussi que, si les bovins et même les chevaux continuaient d'afficher une belle santé, il n'en allait plus de même pour les humains. Tous les esclaves, gardians à cheval ou simples bouviers, tombaient malades, et plus le nombre des inaptes augmentait, plus augmentaient de même le volume des immondices dans et autour des bâtiments, et la surface devenue stérile qu'ils recouvraient. Un problème immense que le roi Augias devait résoudre rapidement sous peine de ne plus régner, à court terme, que sur des bovins et quelques privilégiés retranchés derrière les murs de son palais.

*
* *

Hercule et Iolaos n'étaient pas encore en vue de l'acropole d'Élis que les deux chevaux du char ralentirent d'eux-mêmes l'allure et se mirent à renâcler de part et d'autre du timon, comme s'ils étaient gênés ou effrayés par quelque chose d'invisible. Le héros et son neveu, pourtant familiarisés avec les inconvénients de la vie paysanne, reniflèrent à plusieurs reprises en plissant le nez de répulsion. Autour d'eux, les champs, qui, en cette fin de printemps, auraient dû verdoyer, pleins des promesses variées de récoltes à venir, semblaient morts comme en hiver, recouverts d'une épaisse couche brunâtre uniforme.

« Dis-moi, mon neveu, fit remarquer Hercule, si tu vois ce que je vois et respires ce que je respire, ne subodores-tu pas, comme moi, que nous sommes en train de rouler entre deux haies de fumier ?

— Je subodore tellement, mon oncle, que j'ai l'impression, depuis quelque temps, d'être plongé tout habillé dans une fosse à purin. Même nos chevaux sont au bord de l'asphyxie.

— Je comprends pourquoi Coprée apprécie tant les allers et retours Élis-Tirynthe. Plus il respire cet air infect et mieux il se porte, l'animal !

— Je n'ai jamais rien vu de pareil, assura Iolaos, même au fin fond de la Thrace où les paysans couchent dans la même bauge que leurs porcs !

— Mon neveu, ça sent, certes, la bouse de vache, mais ça sent surtout le piège à plein nez. Qu'est-ce qu'Eurysthée au cœur de lapin m'a envoyé faire ici ? Je suis sûr, à présent, qu'il savait ce qui m'attend ! »

Ainsi parla Hercule l'avisé, avant de rester silencieux, le front plissé, et Iolaos, le dompteur de chevaux, fouetta son attelage rétif, qui repartit au galop, les naseaux fumant de colère.

*
* *

Après avoir longé le stade et la muraille, ils franchirent la porte de la ville basse et se dirigèrent vers l'agora à triple colonnade. Les passants dans les rues étaient rares. Ceux qu'ils croisèrent marchaient d'un bon pas, sans parler, le nez dans un linge de coton. Alors que la matinée touchait à sa fin, les boutiques et les échoppes étaient pour la plupart fermées. Hercule et Iolaos arrêtèrent leur char devant l'auberge *Au souffle de Zéphyr* et entrèrent. La grande salle était vide, à l'exception du patron des lieux, un bon gros à l'œil éteint, qui, lorsqu'il les vit, ne marqua aucun signe d'intérêt à leur endroit et les laissa s'asseoir là où ils voulaient en les saluant d'un vague signe de tête.

« Oh, l'ami ! lui dit Hercule, si ce n'est pas trop te demander, sers-nous du vin à boire et deux portions de ragoût de mouton aux fèves et aux olives.

— C'est trop me demander, nobles voyageurs, condescendit à répondre l'aubergiste. Toute ma réserve de vin a tourné à l'aigre en une nuit. Quant au mouton qui faisait la réputation de nos présalés... Je vous conseillerais plutôt du porc fumé d'importation. Vous risquez moins de vous empoisonner. »

Hercule et Iolaos, comme s'ils s'attendaient à cette réponse, préférèrent ne pas insister et ressortirent aussi vite qu'ils étaient entrés.

« J'ai mon ami Ménédème qui habite tout près d'ici, dit alors Iolaos. Nous avons couru ensemble lors des derniers Jeux isthmiques à Corinthe. Non seulement il m'offrira l'hospitalité, mais je compte bien qu'en plus il éclairera ma lanterne, devenue singulièrement opaque depuis que nous sommes en Élide.

— Va, mon neveu. Quant à moi, mieux vaut que je me rende dès maintenant sur l'acropole, au palais d'Augias. Viens m'y retrouver demain. Et emmène les chevaux avec toi. Ils ont finalement l'air de s'accoutumer à la pollution mieux que nous. »

*
* *

La nouvelle de l'arrivée des deux voyageurs, dont l'un, avec sa peau de lion, ne pouvait être que le héros Hercule, avait déjà fait trois fois le tour de la ville ; et quand ce dernier parvint au palais, le roi Augias l'y attendait, en marchant de long en large, les mains derrière le dos, visiblement préoccupé.

« Hercule ! Si je m'attendais à te voir toi ! s'écria-t-il. Hélios soit loué !

— Eurysthée m'a parlé de tes ennuis et de ton appel au secours, alors me voici, répondit le héros avec naturel. Je me mets volontiers à ton service. Que dois-je faire ?

— Merci, fils d'Alcmène, s'empressa de dire Augias sans répondre directement à la question. Comme tout le monde le murmure avec esprit derrière mon dos, la situation d'Augias "le Brillant" n'est pas éblouissante ! Ta vigueur prodigieuse et ton abnégation légendaire ne seront pas de trop, en effet. Viens constater avec tes yeux et ton nez l'étendue du désastre. Tu mangeras après... si tu as encore faim ! »

Hercule remarqua que, malgré ses problèmes,

Augias, dans la force de l'âge, n'avait rien perdu de sa superbe. Vêtu avec recherche d'une tunique de lin pourpre brodée de fils d'or, il portait sur la tête un diadème d'or composé de petits soleils accolés, et à l'annulaire, qu'il agitait ostensiblement, une bague-sceau dont le motif ne pouvait être qu'un soleil en or. Il avait aux pieds des sandales en cuir dorées.

« Après tout, ma cuirasse n'est pas mal non plus, murmura Hercule.

— Tu disais, mon cher ? demanda Augias.

— Rien, rien. Je te suis. »

Le roi conduisit Hercule dans un immense bâtiment de trois cents mètres de long sur cent mètres de large, qui s'étendait dans la plaine entre les murailles de la ville basse et le fleuve Pénée. L'odeur qui s'en dégageait les prit immédiatement à la gorge. Augias pâlit et se mit sur le nez un linge parfumé. Hercule, qui n'avait pas cet accessoire, se demanda combien de temps il allait tenir sans respirer. Tout autour, des centaines de taureaux et de vaches faisaient semblant de paître, n'ayant à ruminer que de confuses pensées bovines, à peine agacés par les millions de mouches qui tourbillonnaient autour d'eux et s'agglutinaient sur leur mufle. L'intérieur du bâtiment était rempli de fumier jusqu'aux deux tiers de sa hauteur. Bien audacieux l'homme ou l'animal qui eût voulu se frayer un chemin au travers !

« Tu vois là la plus importante de mes écuries, expliqua Augias, presque fier, car il n'est pas question que je donne le nom trivial d'étables à ces bâtiments qui ont l'honneur d'abriter mes taureaux merveilleux... J'en ai, bien sûr, d'autres, plus loin.

— Et dans le même état, j'imagine ? demanda Hercule toujours pratique.

— Oui, et c'est pour cela que j'ai besoin de tes biceps et de ta persévérance, conclut le roi, sans qu'il fût possible de discerner la moindre trace d'ironie dans ses propos. Voilà. Tu as ici une fourche et quelques hottes en osier encore vides. Je suis persuadé qu'en t'y mettant maintenant, tu auras tout déblayé avant la prochaine lune. Lorsque tu auras transporté sur ton dos le fumier le plus loin possible d'Élis, disons à une dizaine de lieues, là où il n'y en a pas encore, je te passerai un seau pour qu'avec l'eau du fleuve tu puisses me rincer un peu tout ça. Tu verras alors que le sol de mes écuries en valait la peine. Il est entièrement en marbre du Pentélique et décoré de mosaïques en pierres dures. Je ne vais pas te faire l'injure de demander à mes gardes de te surveiller, alors efforce-toi de ne pas avoir de malaise. Quand tu auras terminé, je te paierai tes jours de travail au tarif en vigueur pour les hommes libres, cela va de soi ! »

Ainsi parla avec désinvolture le perfide Augias, et il s'en retourna vers l'acropole en s'éventant, tous ses ors étincelant sous le regard attendri de son père dans le ciel.

« Mais en plus il se moque de moi, la fripouille ! s'exclama le bouillant Hercule une fois seul. Il savait tout depuis le début ! Que je n'ai pas le droit de me dérober à mon sixième travail. L'infâme ! Moi, le fils de Zeus porte-foudre. Lui et Eurysthée ne l'emporteront pas chez les Bienheureux ! Car c'est la main de cet hypocrite d'Eurysthée, guidée par celle d'Héra aux bras blancs, qui a manigancé tout cela ! »

Et, pour se calmer, Hercule entreprit de remplir la première hotte. Il avait oublié qu'une heure plus tôt il mourait de faim.

Les Nymphes du couchant, filles de la Nuit, s'élevaient toutes ensemble sur le lointain océan quand le héros, exténué et puant, vit qu'il n'avait nettoyé que le quart du vingtième des écuries. Il posa sa fourche et se dirigea vers le palais. Demain serait un autre jour.

*
* *

Le Sommeil tenait encore, endormis sous leurs sourcils, les yeux brillants d'Augias, qu'Hercule quittait déjà le palais pour reprendre sa tâche. Au bas de l'acropole, il rencontra Iolaos qui venait à sa rencontre, accompagné de son ami Ménédème, jeune homme à l'allure décontractée et au regard plein de malice. Les présentations faites, Iolaos dit à son oncle :

« Tout le monde dans la ville ne parle avec consternation que du travail dégradant que t'inflige Augias.

— Aucun travail n'est dégradant pour celui qui l'exécute sous la contrainte, dit sentencieusement Hercule. Il n'est dégradant que pour celui qui l'ordonne.

— Soit, mon oncle, mais tant qu'à se coltiner un tel travail, autant le terminer le plus vite possible.

— Avec de la méthode, de la patience et de l'huile de coude, j'en viendrai à bout, assura Hercule.

— Et même avant ce soir... si tu écoutes Ménédème », dit enfin Iolaos en souriant.

Ménédème ne se fit pas prier pour dévoiler son plan.

« Le dieu-fleuve Pénée, expliqua-t-il, dont les eaux vont se perdre dans la mer Ionienne, comme, plus au sud, celles du dieu-fleuve Alphée après avoir traversé Olympie, est furieux contre Augias dont les troupeaux, laissés à eux-mêmes, polluent dangereusement les eaux de leurs déjections. Là où sur ses rives la terre nourricière produisait l'orge et le froment de Déméter, s'étalent maintenant des champs d'épandage. Le dieu-fleuve Pénée, avec l'accord intéressé de la déesse des Moissons, est prêt à t'aider avant ce soir, digne Hercule. Il lui suffit de quitter son lit à bon escient et de balayer de ses eaux gonflées tout le fumier des écuries et de la plaine d'Élis, quand Déméter, du haut de l'Olympe, lui en donnera le signal. À toi de lui faciliter la tâche en préparant le terrain. »

Ainsi parla l'astucieux Ménédème avant de s'en retourner vers le fleuve, et Hercule en fut tout revigoré.

« Je vais de ce pas trouver Augias pour lui proposer un marché, fit-il d'un ton décidé. La vengeance est un plat que j'aime manger chaud. »

Iolaos soupira d'aise, il avait retrouvé son oncle.

Augias était encore à sa toilette au milieu de ses servantes quand Hercule fit irruption dans sa salle de bains. La peau du lion de Némée qui s'agitait sur son dos fit refluer les servantes et les gardes dans les couloirs.

« Je te salue, roi d'Élis, dit-il sarcastique. Ton père Hélios est plus matinal que toi.

— Fils d'Alcmène, répliqua Augias, je te trouve bien alerte ce matin. Il serait dommage que tu gaspilles ton énergie en vaines paroles. Dois-je te rappeler que tu es venu te mettre à mon service de ton plein gré ? Alors, au travail, surhomme !

— Je suis tellement décidé à m'y mettre, Augias, dit Hercule avec assurance, que je parie avec toi que j'en aurai terminé avant que les enfants de la Nuit ne s'emparent de ton royaume. »

Augias partit d'un immense éclat de rire qui secoua tout le palais et fit frémir l'eau de son bain. Au point que son fils aîné, Phylée, accourut, perplexe, aux nouvelles. Son regard, franc comme l'or de son père et de son grand-père, plut immédiatement à Hercule.

« Approche, fils, lui dit Augias. Toi qui as une réputation de droiture et d'honnêteté, je te prends à témoin. Hercule veut parier avec moi qu'il aura débarrassé mes écuries de toute leur... enfin, de tout ce qui les encombre, avant la nuit... Incroyable prétention, même pour qui détient un beau palmarès d'exploits !

— J'insiste, fils d'Hélios. Je te parie le dixième de tes troupeaux, annonça Hercule avec calme.

— Cela fait beaucoup, fils de Zeus, murmura Augias. Mais soit, je m'habille et te rejoins aux écuries. Je veux voir de mes yeux ce que tu as accompli hier et essayer de comprendre comment tu pourrais bien avoir tout terminé ce soir. Je te connais et je ne veux pas m'engager à la légère. Phylée, tu m'accompagneras. »

*
* *

Arrivé aux écuries, Augias constata avec satisfaction le peu de fumier qu'Hercule, malgré sa force, avait évacué la veille et donc l'absurdité de son pari. Cette fois, son rire traversa toute la ville et courut jusqu'au fleuve dont les eaux boueuses semblèrent arrêter leur cours l'espace d'un instant, comme scandalisées.

« Fils d'Alcmène, put enfin dire Augias, bien que tu sois complètement fou, je jure, sur Zeus, en présence de mon fils et des Immortels qui nous regardent assis dans l'Olympe, que je te donnerai le dixième de mes troupeaux si tu nettoies mes écuries de fond en comble d'ici ce soir. »

Hercule et lui s'apprêtaient à se serrer la main, bon gré, mal gré, pour sceller leur accord, quand Phaéton, qui paradait devant ses onze frères blancs, prit la peau du lion de Némée pour un fauve de chair et d'os et, croyant son maître menacé, chargea brusquement Hercule cornes baissées.

« Attention ! » cria Iolaos qui avait heureusement vu la manœuvre de l'animal.

Hercule se retourna et, au moment où Phaéton, mufle écumant, naseaux fumants, se jetait sur lui pour l'embrocher, l'attrapa par les cornes et, d'une puissante torsion du cou, le renversa et l'immobilisa sur le sol.

Cet acte de lèse-majesté ne fut pas du goût d'Augias qui s'en retourna vers son palais en lançant, vexé :

« Tu n'es plus drôle, Hercule ! À ce soir, fier-à-bras ! »

Phaéton, quant à lui, se redressa, incrédule, et lorsque Hercule lui tapota la croupe en riant, il partit rejoindre en titubant ses congénères éberlués, un air de rancune dans son œil noir.

Avant de disparaître dans le sillage de son père, Phylée se retourna vers Hercule et Iolaos pour leur faire un signe d'encouragement de la main.

« Que me suggères-tu, mon neveu ? demanda le héros en faisant rouler les muscles de ses épaules.

— Suivons les instructions de Ménédème. Ouvrons, pour commencer, deux brèches dans le bâtiment principal, une à chaque extrémité, car les portes en sont trop étroites. Nous ferons de même aux autres bâtiments. Ensuite, à l'endroit où le Pénée forme une boucle, ménageons-lui un passage sur sa berge. S'il se décide à quitter son lit, il se jettera en droite ligne dans l'axe des écuries. Mieux vaudra pour nous ne plus être là !

— Bien pensé, fils de mon frère, et beau programme ! » conclut Hercule en s'emparant d'une pioche.

En une couple d'heures, ils eurent pratiqué deux énormes ouvertures en enfilade dans les bâtiments et entamé la berge du Pénée.

« Il ne nous reste plus, dit Hercule à peine essoufflé, qu'à attendre le bon vouloir du dieu-fleuve en remontant au pied des remparts.

— C'est la sagesse même », murmura Iolaos, exténué et courbatu ; et il pensa : « Je donnerais mon char et mes chevaux pour une cruche d'eau claire, par Dionysos ! »

Dans l'après-midi, la chaleur se fit tout à coup étouffante et de lourds nuages noirs obscurcirent le ciel.

« Déméter a persuadé mon père, l'assembleur de nuées, de me prêter main forte. Qu'ils en soient tous deux remerciés ! » dit le héros à mi-voix.

Aussitôt, comme pour le conforter dans son espoir, un éclair, un seul, zébra le ciel, et un coup de tonnerre, un seul, l'accompagna comme un signal.

Un peu impressionnés malgré tout, Hercule et Iolaos virent alors arriver, à la vitesse de Pégase, le divin cheval ailé, une grondante et moutonnante muraille liquide. Pénée venait de se détourner de son cours normal et se précipitait, avec la fougue et la puissance d'un torrent de montagne, hors de son lit en direction des installations d'Augias.

En quelques heures, les eaux tumultueuses, traversant les écuries et se répandant dans toute la plaine d'Élis, emportèrent fumier et immondices jusqu'à la mer complice, laissant juste ce qu'il fallait de limon fertile pour que renaissent les cultures.

Pour ne pas mécontenter davantage Hélios, que les nuages de Zeus avaient caché sans lui demander son avis, et dont Déméter ne pouvait se passer si elle voulait que mûrissent à point ses moissons, la déesse demanda au dieu-fleuve de maîtriser sa course afin d'épargner les troupeaux d'Augias. Seuls les douze taureaux blancs, menés par Phaéton curieux, en furent quittes pour avoir de l'eau jusqu'aux naseaux, et ce bain forcé calma pour longtemps leur agressivité.

*
* *

Lorsque Hercule et Iolaos entrèrent en ville, les Éléens, dans les rues et sur les terrasses des maisons, heureux de respirer un air redevenu sain, les applaudirent sans trop chercher à savoir comment ils avaient pu réussir ce tour de force de détourner le

Pénée de son cours. Le dessein des héros, comme celui des dieux, est impénétrable.

Hercule, le premier, aperçut Coprée dans la cour du palais. Penché à l'oreille du roi Augias, le répugnant messager d'Eurysthée semblait lui raconter une histoire passionnante, car Hercule vit s'élargir sur les lèvres du roi un sourire de satisfaction, en même temps qu'il ne cessait de hocher la tête d'approbation.

« Je n'aime pas cela, dit Hercule à Iolaos. Qu'est-il venu comploter ? S'il n'était là que pour se plaindre de ne plus pouvoir nager dans le purin, Augias n'aurait pas cette mine réjouie. »

Dès qu'il découvrit à son tour l'oncle et le neveu, Coprée effectua aussitôt une retraite prudente et, abandonnant Augias, disparut dans le palais. À la grande surprise d'Hercule, le roi d'Élide vint à sa rencontre et, lui ouvrant grand ses bras, lui donna une chaleureuse accolade.

« Héros sublime, s'écria-t-il, je n'en attendais pas moins de toi. Pardonne-moi d'avoir ce matin douté de tes pouvoirs qui, visiblement, sont immenses. Tu as, plus que moi, des appuis sur l'Olympe... Le dieu-fleuve est un bon ouvrier, mais j'admets volontiers que tu as gagné ton pari. J'en suis heureux pour mes sujets qui vont de nouveau pouvoir manger autre chose que du blé et des légumes venus d'ailleurs.

— Tu me vois également heureux, lui répondit Hercule, d'avoir pu te rendre service en un temps record, et puisque le temps c'est de l'argent, paie-moi ce que tu me dois et je rentre en Argolide.

— C'est vrai que *je devrais,* dit Augias en insistant sur le conditionnel, te livrer ce soir le dixième de mes bêtes. Mais des faits nouveaux ont été portés à ma connaissance, et je ne te dois rien !

— Quoi ? s'exclama Hercule stupéfait. Je te rappelle que tu as juré sur Zeus !

— Je n'ai rien juré du tout, puisque mon serment est nul et non avenu, répliqua Augias très sûr de lui. Je viens en effet d'apprendre, fort à propos, j'en conviens, que tu es venu chez moi dans le cadre des travaux forcés que tu dois à Eurysthée. Ce que j'ignorais ce matin, car tu t'es bien gardé de me le dire, petit cachottier. Depuis quand, je te le demande, un forçat peut-il prétendre à un quelconque salaire ? Cela dit, ne nous fâchons pas pour si peu. Entre donc. J'organise ce soir un banquet en ton honneur. Tu vois que j'ai les idées larges ! »

Et comme il prenait Hercule par le bras pour le conduire à l'intérieur du palais, celui-ci se dégagea violemment et l'apostropha en ces termes :

« Infâme parjure et fieffé coquin ! Mes histoires avec Eurysthée ne concernent que lui et moi. Toi et moi avons parié devant témoins et invoqué le nom de Zeus, mon père. Tu me dois le dixième de tes troupeaux et tu me le donneras, ou je me servirai moi-même. »

Éris, la funeste Discorde, sœur ailée de la Guerre, avait pris possession de son cœur.

Augias désormais ne souriait plus. Blanc de colère, il cria à Hercule, les poings serrés :

« Essaie un peu, pour voir, bellâtre hésitant ! Un ordre de moi et mes gardes te jettent dans un cul-de-basse-fosse, à moins que tu ne préfères être piétiné par les douze taureaux de mon père ? Phaéton a une revanche à prendre !

— J'en appelle dès demain au tribunal de la cité, répliqua Hercule d'une voix non moins perçante, et je te somme de t'y rendre. On verra si tu es au-dessus des lois dictées par les dieux immortels, tout illuminé que tu es !

— Mais j'y viendrai, j'y viendrai, confiant dans la justice de mon pays, et c'est toi qui seras débouté, mon pauvre petit héros ! À demain. Cette discussion oiseuse m'a donné soif. Retourne aux écuries pour y passer la nuit, puisqu'il paraît qu'elles sont propres ! »

Ainsi parla Augias, brûlé par le feu de l'exaspération, et ses paroles insultantes mordirent l'âme d'Hercule. Celui-ci allait se jeter sur le roi, et les dieux de l'Olympe savent ce qui aurait pu en résulter de tragique, quand Iolaos s'interposa et entraîna son oncle vers la ville.

*
* *

En ces temps anciens, lorsqu'un plaignant accusait un tiers – fût-il roi – de parjure, il portait l'affaire devant un tribunal constitué des prêtres de la cité qui prononçaient leur jugement au nom des dieux.

Le lendemain donc, Hercule et Iolaos d'un côté, Augias et Phylée de l'autre pénétrèrent dans la salle d'audience qui donnait sur l'agora.

Après avoir écouté les deux parties, chacune s'obstinant dans sa version et Augias niant avoir fait un serment qu'il n'avait pas à faire, le vieux prêtre qui présidait le tribunal fit avancer les témoins.

« Iolaos, demanda-t-il, le roi Augias ici présent a-t-il, oui ou non, juré sur Zeus ?

— Oui, Votre Honneur, répondit Iolaos.

— Phylée, poursuivit le président, ton père le roi Augias ici présent a-t-il, oui ou non, juré sur Zeus ?

— Oui », répondit sans hésiter Phylée, en regardant, désolé, son père.

Un murmure parcourut le tribunal et, après que les juges se furent tournés vers le président en hochant la tête, celui-ci, après un temps de réflexion, rendit son verdict :

« Attendu que le prévenu, Sa Majesté le roi Augias, a sans conteste juré sur Zeus lui-même.

« Qu'il n'a pas à tirer profit de la sentence qui a naguère frappé Hercule.

« Nous le condamnons à verser audit Hercule le dixième de ses troupeaux et à immoler sur l'autel de Zeus, en expiation, l'un de ses douze taureaux blancs. »

Hercule et Iolaos se congratulèrent, satisfaits du jugement, mais quand Phylée s'approcha d'eux pour les féliciter à son tour, le roi Augias, qui depuis le témoignage accablant de son fils rongeait son frein, au bord de l'apoplexie, n'y tint plus et bondit de son siège dans le tribunal. Brandissant son poing vers les juges, il s'écria :

« Vieillards entêtés et stupides, vous savez ce que j'en fais de votre condamnation ? Je m'en bats l'œil, et m'en tamponne le postérieur. Hercule n'aura rien. Et vous n'aurez pas davantage l'un de mes taureaux. Si vous m'y obligez, j'en appellerai à mon père Hélios qui disparaîtra de votre ciel et vous plongera dans une nuit éternelle ! Quant à vous trois, Hercule, Iolaos, et toi aussi Phylée qui m'as trahi en te rangeant du côté de mes ennemis, je vous bannis de mes terres. Vous avez jusqu'à ce soir pour quitter l'Élide. Passé ce délai, je vous fais arrêter par mes gardes et, si ça ne suffit pas, je lèverai une armée contre vous ! Je... »

Les yeux d'Augias semblaient lancer des traits de feu, les mots se bousculaient dans sa bouche tant sa rage était extrême. Les prêtres juges, horrifiés, cherchèrent leur salut dans une fuite clopinante.

Un instant abasourdi par un tel comportement en plein tribunal, Hercule ne se maîtrisa plus. Il se jeta sur Augias, massue levée, et les deux héros roulèrent sur le sol, pleins d'un mortel ressentiment. À ce moment-là, à toutes les issues de la salle parurent des soldats armés, arcs et javelots pointés.

Augias, le fourbe, qui avait pressenti l'issue du procès, avait posté sa garde rapprochée tout autour du tribunal. Hercule comprit qu'il valait mieux éviter un bain de sang. Il se releva le premier et d'une poigne vigoureuse remit sur pied son adversaire, les lèvres tuméfiées et le cuir chevelu fendu. Les deux héros inflexibles n'en étaient pas calmés pour autant.

« J'aurai ta peau, Augias, gronda Hercule. Tu ne profiteras pas toujours de l'avantage que te donne l'armée derrière laquelle tu t'abrites, comme un couard que tu es !

— Cause toujours, Hercule, braillard infatigable. Demain, si tu es encore là, je te fais crucifier, décapiter, écarteler, brûler à petit feu... Fichez le camp, tous les trois ! Je suis le roi Augias, fils d'Hélios, le héros le plus puissant de la Terre !...

— Mégalomaniaque, hurla Hercule. Toi qui as un œil de chien et un cœur de biche, je te méprise ! Dès cet instant, je te déclare la guerre. Je reviendrai, je te briserai, le plus lâche des mortels, vil sujet d'opprobre !

— Je t'attendrai, nourrisson de Zeus, je t'attendrai ! » ricana, par la bouche d'Augias, Momos, le Sarcasme.

Le lendemain, Hercule prit le char de Iolaos dans l'espoir que l'ivresse de la conduite lui ferait oublier son dépit. Son neveu monta au côté de Phylée, impassible dans la douleur, et les quatre chevaux aux sabots impétueux laissèrent derrière eux l'acropole d'Élis.

*
* *

Les deux attelages, leurs roues volant au-dessus du chemin, atteignaient déjà les premières collines de la rude Arcadie, que le bouillant fils d'Alcmène hurlait encore à pleins poumons dans le vent de la course :

« Dès notre arrivée, nous nous mettrons en campagne pour rameuter nos amis... et les amis de nos amis... et lever avec eux une armée valeureuse et innombrable... Nous battrons les ridicules suppôts d'Augias... car Hercule tient toujours ses promesses !... Je l'étranglerai de mes mains jusqu'à ce que les Harpyes emportent son âme... Tu prendras, Phylée, sa place sur le trône... Nous ferons rôtir à la broche tous ses taureaux... Augias l'indigne passera à jamais pour un vieux dégueulasse... Et pour remercier mon père Zeus porte-foudre de nous avoir donné la victoire, je jure d'organiser à Olympie, près de son temple, des jeux grandioses... Ils éclipseront ceux de Delphes, de Corinthe et de Némée... Parfaitement, je créerai ces nouveaux jeux ou je ne m'appellerai plus Hercule... Et Olympie, modeste cité d'Élide, deviendra célèbre dans toute la Grèce et même dans le monde entier !... »

Iolaos et Phylée, dans le sillage sonore d'Hercule, se poussèrent du coude, amusés et inquiets à la fois, et Iolaos ne put s'empêcher de dire à son compagnon, sûr de n'être entendu que de lui seul :

« La colère et la rancune tournent la tête à mon cher oncle... D'accord pour une bonne guerre, fraîche et joyeuse, mais des jeux !... Dans ce trou perdu d'Olympie !... Qui va vouloir s'y rendre ? Quels athlètes ? Quel public ? Et une fois ces premiers Jeux olympiques terminés, qui osera en reparler pour qu'il y en ait d'autres ?... »

Ainsi allaient-ils, bon train, sur la route sinueuse, l'un vociférant et les autres riant jaune, dans le bruit terrible des chars et des chevaux, et ils ne laissaient derrière eux qu'un nuage de poussière.

*
* *

À Tirynthe, Coprée les attendait en tremblant à la poterne ouest de l'acropole. Hercule tira les rênes d'un mouvement brusque et sauta de son char alors que ses deux chevaux blancs se cabraient, l'écume à la bouche. Il se précipita sur le malheureux qu'il souleva de terre d'une seule main. Il l'aurait sûrement étouffé sans commentaires, comme les deux serpents de son enfance, si Iolaos et Phylée, accourus, ne l'en avaient empêché. Les deux sentinelles, de part et d'autre de la porte, regardaient vers le ciel en sifflotant.

« Mon oncle, dit Iolaos, ne te salis pas davantage avec cet excrément vivant, et lâche-le. Il n'a fait qu'obéir aux ordres.

— Exact, admit Hercule. Mais c'est dommage, cela m'eût soulagé... » Puis s'adressant à Coprée dont il tirait maintenant une oreille au risque de la lui arracher : « Où est cet avorton d'Eurysthée ? Caché dans une citerne ou dans une amphore en claquant des dents ?

— Aïe ! C'est que, justement, aïe ! noble héros tueur de lion, expliqua le serviteur d'une voix enrouée, mon maître, aïe ! est en cure aux bains d'Asclèpios, à Épidaure, et il m'a chargé, aïe ! aïe ! de t'attendre ici pour te remettre ceci...

— Encore une tablette tracée de sa blanche main ! s'exclama Hercule en lâchant l'oreille de Coprée à l'agonie. Voyons ce que ce traître maniéré nous susurre... »

Pendant qu'il s'emparait de la missive et se penchait sur elle, avec Iolaos et Phylée, Coprée, retrouvant soudain la plénitude de ses moyens physiques, fit demi-tour et grimpa quatre à quatre, plus véloce qu'un lièvre, l'escalier qui conduisait à l'intérieur de la citadelle, directement dans la salle des gardes.

Hercule eut à peine commencé à lire la tablette de cire que, de nouveau saisi d'un accès de fureur incontrôlable, il la jeta avec violence sur le sol et la piétina jusqu'à ce qu'elle ne fût plus qu'une masse informe. Ensuite il hurla, le poing brandi vers le palais :

« Me berner deux fois, moi, le fils de Zeus tonnant !... »

Iolaos et Phylée avaient eu le temps, eux aussi, de déchiffrer les premiers mots de la maladroite écriture d'Eurysthée :

Attendu, mon cousin, que tu t'es fait aider, une fois encore, par ton neveu. Attendu que ce n'est pas toi qui as nettoyé les écuries d'Augias, mais le dieu-fleuve

Pénée, mon impartialité proverbiale m'interdit, hélas ! de mettre à ton crédit ce travail. En conséquence...

Alors Éris, la Discorde, sa noire mission remplie, quitta enfin le cœur du héros pour s'envoler à tire-d'aile, rappelée par Héra dans l'Olympe.

7

Hercule et le taureau de Crète

Iris, la messagère divine aux ailes d'or, vêtue d'un voile vaporeux, couleur d'arc-en-ciel, descendit de l'Olympe et se posa en douceur dans la grand-salle du palais de Mycènes.

Eurysthée, en ce matin de printemps propice aux grandes entreprises, s'occupait justement l'esprit en contemplant avec complaisance les fresques qui, sur tous les murs de tous ses palais, le représentaient en posture avantageuse dans l'accomplissement de ses exploits. Il avait depuis longtemps oublié que ceux-ci n'étaient qu'imaginaires tant il avait une haute opinion de lui-même.

La rapide Iris le tira de son innocente rêverie en disant :

« Je te salue, Eurysthée. J'ai un message d'Héra pour toi.

— Comment ? fit le roi douloureusement surpris. La déesse au trône d'or n'a pas daigné venir elle-même parler au plus fidèle de ses admirateurs ?

— J'ai cru comprendre qu'Héra éprouvait quelque ressentiment à ton égard, lui répondit Iris.

— C'est égal ! s'exclama Eurysthée vexé. Je n'ai rien contre le travail des femmes, mais elle aurait pu m'envoyer à ta place le bel Hermès, le messager en chef des Immortels !

— La prochaine fois, je penserai à lui emprunter son pétase et son caducée, lui répliqua Iris agacée. Si c'est cela qui t'impressionne !

— Que non, Iris aux pieds de vent, se hâta-t-il d'affirmer, conscient que son irritation le poussait à la muflerie. Tu n'as pas besoin de son chapeau pointu à large bord ni du bâton symbole de ses fonctions pour que j'aie plaisir à te recevoir. Tes charmes sont si apparents..., ajouta-t-il en regardant ce que dissimulait à peine le voile couleur d'arc-en-ciel.

— Ferme les yeux ou tu vas attraper la migraine ! lui lança Iris, amusée et flattée malgré elle. Et concentre-toi plutôt sur ce que je viens te transmettre : "Dis à cet incapable d'Eurysthée que j'en ai assez de le voir ridiculisé par Hercule. Les travaux qu'il lui a jusqu'alors trouvés dans le Péloponnèse ne m'ont profité en rien, même si deux d'entre eux sont entachés de nullité. Qu'il m'en trouve d'autres dans des contrées plus lointaines, et pourquoi pas au-delà des mers ? Qui sait, son bateau pourrait être victime de vents contraires ? Il pourrait même sombrer corps et biens ? Je donne deux jours à Eurysthée pour qu'il triture ses méninges et en fasse sortir, enfin, une idée géniale !" Ainsi me parla Héra aux bras blancs. Que dois-je lui dire en retour ?

— Mais, messagère de la divine, assure-la qu'il ne s'agit que d'une question d'heures. Avant ce soir, Hercule aura à accomplir un travail tel que ma déesse adorée viendra elle-même m'en féliciter, répondit Eurysthée très sûr de lui.

— À te revoir le moins possible, roi d'Argolide ! » salua la rapide Iris, et dans un grand courant d'air, elle s'envola vers l'Olympe.

Quand elle eut disparu, Eurysthée eut l'étonnant courage de lui tirer la langue.

*
* *

Il en était toujours à se creuser le crâne dans l'espoir d'en extraire une pépite d'imagination, quand Coprée entra, accompagné d'un solide gaillard aux mollets et aux cuisses taillés pour les courses d'endurance. Vêtu du traditionnel pagne crétois en tissu multicolore, recouvert d'une sorte de court tablier richement décoré, l'homme frisait son nez, comme s'il respirait une odeur désagréable.

« Un courrier pour toi, ô roi ! annonça Coprée cérémonieusement. Il arrive de Crète à bride abattue.

— Imbécile ! La Crète est une île, ricana Eurysthée en haussant les épaules, et à moins d'avoir chevauché les étalons blancs de Poséidon... Parle, l'homme, puisqu'il semble que ce soit pour moi, aujourd'hui, la journée des messages ! »

L'hémérodrome, autrement dit celui qui est capable de courir un jour entier, mit un genou à terre, la main droite sur le cœur, et récita :

« Sa Majesté le roi Minos, mon maître, fils de Zeus et d'Europe, frère de Radamanthe et Sarpédon, premier civilisateur de la Crète, premier législateur de la Crète, premier conquérant des mers, premier...

— Passe là-dessus, mon brave, l'interrompit Eurysthée, je connais Minos et ses qualités.

— Sa Majesté le roi Minos, mon maître, reprit le messager, qui règne sur les Cnossiens, les Phaïstosiens, les Kydoniens, les Thérasiens, les Karpathiens, les Rhodiens, les Cariens, les...

— Ah ça, l'ami, l'interrompit encore Eurysthée

agacé, veux-tu m'assommer avec la liste des habitants des cent villes de Crète, des îles de la mer Égéenne ou des comptoirs d'Asie qui font la gloire de Minos ? Assez de préliminaires et va droit au but, je te prie !

— Sa Majesté le roi Minos, mon maître, t'envoie ses amitiés, et... et... »

Le malheureux courrier, perturbé dans sa récitation, venait de tomber dans l'affreux trou de mémoire que redoutent tous les comédiens, mais auquel échappent les hommes politiques.

« ... Et m'expédie deux cents amphores de vin de Cnossos ou de Sètaia, poursuivit à sa place Eurysthée.

— Pas vraiment, ô roi, put enfin dire le Crétois qui avait renoué le fil coupé de son message. Mon maître, qui connaît les liens qui t'unissent à Hercule, te prie de bien vouloir intervenir auprès de lui pour qu'il se rende en Crète. La rumeur n'a pu manquer de colporter jusqu'à tes augustes oreilles qu'un taureau furieux ravage, depuis des semaines, la moitié de l'île et que, malgré tous les moyens mis en œuvre, nous n'avons pu le maîtriser. Mon maître pense que l'invincible Hercule... »

Eurysthée, qui, à défaut de vin, buvait du petit lait depuis quelques instants, entreprit de se frotter le menton comme s'il était, d'un coup, la proie d'un cruel dilemme. Il ne voulut pas en entendre davantage et dit enfin à l'hémérodrome :

« Ce que me demande là mon ami Minos n'est pas chose aisée. Il me prête, sur mon cousin, une influence que je n'ai pas, hélas ! Tout le monde connaît le caractère indépendant d'Hercule... Cela dit, je sais que ton maître se montrera reconnaissant de mon intervention. Rapporte-lui bien, par exemple, qu'il ne me déplairait pas de recevoir de sa part quelques vases en cristal de roche décorés de pierres fines, quelques coffrets en ivoire ciselé... remplis de colliers d'or à motifs d'abeilles (j'adore !), enfin l'une ou l'autre de ces babioles que ses artisans se montrent si habiles à réaliser. Assure-le que je ferai en sorte, en usant de diplomatie et de tendre persuasion, qu'Hercule parte pour la Crète dans les plus brefs délais... »

Le courrier crétois se releva, salua, exécuta un demi-tour réglementaire et quitta la salle en frisant son nez de plus belle tout en regardant Coprée avec inquiétude.

« Coprée, toi qui prétends toujours savoir où il se trouve, amène-moi Hercule dare-dare ! ordonna Eurysthée. Et en cours de route, répète-lui ce qu'a dit le courrier de Minos. Ça m'évitera d'avoir à supporter longtemps sa présence. »

*
* *

Une fois seul, Eurysthée laissa libre cours à sa joie. Il fit des bonds de cabri, jeta en l'air sceptre et couronne, sous l'œil réprobateur de ses conseillers qui attendaient, dans le corridor, depuis des heures, une hypothétique réunion de travail.

« Voilà qu'arrive à point le voyage en mer qu'espérait Héra, jubilait-il. Et même si Hercule s'en sort vivant et me rapporte le taureau, j'offrirai celui-ci en grande pompe au sanctuaire d'Héra à Argos. C'est que ce taureau de Crète a une histoire ! Certains commerçants racontent, sur toutes les agoras du Péloponnèse, que Minos avait promis à son bienfaiteur, Poséidon, le dieu des Mers, qu'il lui sacrifierait le premier animal qui surgirait, un matin, des flots nourriciers. Or, ce fut un taureau superbe de puissance et de fierté qui, bondissant hors des vagues écumeuses, s'élança sur le rivage crétois. Lorsqu'il le vit, Minos pensa qu'il serait dommage d'immoler une bête qui ne demandait qu'à être le fleuron de ses propres troupeaux. Et, sans plus réfléchir, il offrit sur l'autel de Poséidon un taureau ordinaire, le moins vif de son élevage. Quand je pense qu'on ose encore vanter le bon sens de Minos et qu'il est toujours juge aux Enfers ! Qui peut, ici-bas, berner les Immortels ? Poséidon, déçu de l'attitude de Minos, qu'il aimait pourtant entre tous, se vengea en rendant fou furieux l'animal. Ce sont les bruits qui courent partout. Sont-ils fondés ou non ? Seul Minos ou le dieu des Mers pourrait nous le dire, mais ce n'est pas moi qui vais le leur demander, ha ! ha ! ha ! »

*
* *

Hercule avançait, tranquille, dans la grande salle du palais, le sourire aux lèvres, et de sa massue, bien calée dans sa main droite, frappait en cadence gentiment la paume de sa main gauche.

« Mon cousin, ne me menace pas et ne hurle pas, s'il te plaît, implora Eurysthée à l'autre bout de la salle, le dos contre une fresque le représentant en train de trucider, seul, un énorme lion.

— Moi ? s'étonna innocemment Hercule. Mais je ne dis pas un mot, et je passe le temps en jouant machinalement avec cette badine.

— Coprée t'a mis au parfum, j'imagine ? demanda Eurysthée toujours plaqué au mur.

— Tu as de ces mots, cousin, s'agissant de cette hyène ! fit Hercule en accentuant son sourire. Ne reste donc pas planté devant cette fresque, j'ai l'impression désagréable d'avoir deux Eurysthée en face de moi !

— Beau cousin, ton humour a toujours fait ma

joie, affirma le roi d'un air sinistre, et il se déplaça de quelques pas en direction du corridor.

— Le taureau de Minos ne sera pas le premier auquel je ferai plier les jarrets. Une simple formalité donc pour moi que sa capture. Mais que voulez-vous, Minos et toi, que j'en fasse ? demanda Hercule.

— Ramène-le-moi, et vivant, si ce n'est pas trop te demander, répondit Eurysthée qui recommençait à respirer normalement.

— Pas de problème. Je ne vois aucun inconvénient à ce que tu veuilles le mettre dans ta ménagerie, dit avec compréhension Hercule. Et ce voyage en mer vient à point pour moi. Je commençais à en avoir assez du Péloponnèse. De surcroît, être reçu amicalement par le roi Minos, à l'intelligence et à la sagesse reconnues, voilà qui me changera de certain monarque d'Argolide, si tu vois ce que je veux dire !...

— Dans ce cas, bon voyage, Hercule à la langue alerte ! s'exclama Eurysthée enfin parvenu à l'entrée du corridor. N'oublie pas, malgré tout, d'emporter une outre en peau de chèvre gonflée d'air... en cas de naufrage !

— Ne t'inquiète pas pour moi, petit roi, je nage aussi vite que tu cours quand tu es poursuivi par ton ombre ! »

Et sur ce dernier échange d'amabilités, les deux cousins se tournèrent ostensiblement le dos.

*
* *

Si l'activité de l'arsenal de Nauplie, au demeurant bien faible comparée à celle que connaîtrait un jour le Pirée, le port d'Athènes, ne cessait jamais complètement durant l'hiver, en ces derniers jours d'avril, elle battait son plein. Dans de vastes ateliers en pierre ou en planches, voire en plein air, tous les corps de métiers liés à la mer étaient à l'œuvre du lever au coucher du Soleil : charpentiers, calfats, cordiers, voiliers... tout un monde de professionnels hautement spécialisés et qualifiés. C'est que chacun savait qu'il ne fallait pas traiter à la légère le domaine de Poséidon qui ne se montrait guère accueillant que quatre mois par an, en avril-mai et en septembre-octobre, quand soufflait une brise régulière. Naviguer en hiver était une folie, mais même en été, les vents dominants changeant sans cesse et les grains aussi soudains que violents rendaient l'aventure périlleuse dans ce semis d'îles qu'est la mer Égée. Dès le début du mois d'avril, entrait et sortait chaque jour de Nauplie une flotte hétéroclite de bateaux de tout tonnage et de toute forme, depuis les rapides coques fines en croissant de lune jusqu'aux lents cargos, larges et pansus. Tous avaient alors pour point commun de ne disposer que d'un mât en sapin et d'une voile rectangulaire, la propulsion étant assurée par la force musculaire des rameurs, dix hommes, trente hommes ou plus selon les navires. Sur les quais du port s'entassaient, dans un transit permanent, au milieu d'un va-et-vient bruyant et incessant de charrois et de portefaix, tous les matériaux et marchandises de la Terre : bois, minerais et métaux précieux, outils, armes, tissus, vin, huile, objets d'art, aromates, éponges, papyrus... et esclaves, hommes et femmes de toutes origines, par centaines... Et tout cela était apporté à bord ou au contraire déchargé et emporté sur toutes les routes du Péloponnèse, au milieu des ordres des armateurs et des capitaines, des cris des voituriers, des meuglements des attelages, des piaillements des oiseaux marins...

Dans cet univers particulier des gens de mer et des négociants en gros, les pêcheurs et leurs petites embarcations n'occupaient qu'une place modeste dans un coin du port. Certes, tout le monde, surtout parmi le peuple, mangeait du poisson, moins cher que la viande, mais aller le pêcher près des côtes n'était pas un métier valorisant. Travail de gagne-petit qui ne pouvait se comparer à celui du grand commerce méditerranéen, qui voyait les marins naviguer des côtes de Phénicie à celles de Sicile et de celles d'Égypte à celles d'Asie Mineure.

*
* *

Le lendemain même de son entrevue avec Eurysthée qu'il avait, comme toujours, jugée cocasse et exaspérante à la fois, Hercule arriva au port de Nauplie pour y chercher un embarquement. Tout le monde le connaissait tant on l'y voyait souvent depuis quelques années. Il bavarda, en passant, avec des pêcheurs courageux qui, après une nuit en mer, déchargeaient leurs paniers d'osier pleins à ras bord de rougets, mulets, rascasses et autres seiches, tapota la joue d'un gamin qui sous l'œil attentif de son grand-père s'initiait déjà à la réparation des filets. Après avoir louvoyé entre les chariots et les amoncellements de marchandises, il atteignit le quai où une dizaine de navires de commerce dansaient sur leur ancre, pour la plupart prêts à appareiller.

Il jeta son dévolu sur une galère crétoise de faible tonnage mais de construction récente. Sa coque, d'une longueur de treize mètres pour une largeur de quatre ou cinq, était peinte en rouge vif, avec une bande horizontale noire qui courait de la poupe à la proue relevées en pointe. Elle venait de terminer son chargement. Les dix rameurs étaient déjà assis, deux par banc, face à la poupe, avirons relevés. Deux marins s'affairaient, au pied du mât, sur la voile serrée sur sa vergue. À l'arrière, un costaud à la barbe et aux cheveux noirs et frisés, qui devait être le capitaine, discutait avec son barreur, un grand maigre, debout, les manches du gouvernail en main.

Les Crétois n'avaient pas bonne réputation. On les disait volontiers violents, grossiers et menteurs, et dans les ports, ils ne se mêlaient guère aux autres marins. En fait, ils étaient fiers, entreprenants et obstinés, et la mainmise qu'ils exerçaient sur la mer Égée suffisait à expliquer la méfiance et la jalousie des Grecs du continent à leur endroit.

Hercule, qui n'était jamais allé en Crète, mais qui avait tissé des liens d'amitié, au cours de ses aventures, avec bien des Crétois, n'avait pas contre eux ces préventions ridicules. Aussi est-ce avec sa simplicité habituelle qu'il interpella le capitaine :

« Ohé ! du bateau ! Y aurait-il encore de la place à bord pour un passager encombrant ? »

Le capitaine se retourna et un franc sourire fendit son visage.

« Sois le bienvenu, noble Hercule, sur cette galère encore jeunette mais déjà bien amarinée ! lança-t-il aussitôt.

— J'espère qu'elle supportera sans geindre le poids de mon corps, repartit Hercule, et tout l'équipage éclata de rire.

— Je viens de livrer ici un chargement de murex en provenance de nos pêcheries de Zacro, expliqua le capitaine. Les teinturiers d'Eurysthée en tirent la plus belle pourpre qui soit, à ce qu'il paraît ! Et je repars pour Cnossos avec de l'obsidienne et du porphyre du Péloponnèse. Autant dire que je suis plus bas sur l'eau au retour qu'à l'aller !

— Ta destination me convient. Mais combien me prendras-tu pour la traversée, capitaine ? demanda Hercule.

— Tu me paieras avec le récit de tes aventures. On s'ennuie ferme en mer quand les vents sont favorables. Et en cas de rencontre avec des pirates, je compte sur toi pour les tenir à distance. Bien que notre roi Minos les traque sans répit et les élimine, ils repoussent comme le chiendent à la belle saison. »

Hercule grimpa à bord en se disant que l'hospitalité et la générosité des Crétois compensaient nombre de leurs défauts. Les deux marins remontèrent sur le pont la lourde pierre percée d'un trou qui faisait office d'ancre, les rames frappèrent l'eau en cadence et la galère s'éloigna du quai. Le ciel et la mer étaient bleus. Hélios avait gaillardement franchi la crête des collines à l'est. Une bonne brise de nord-ouest soufflait. Et pendant que le capitaine jetait à la mer une fiole de parfum en offrande à

Poséidon et à ses enfants trop enclins à la malfaisance, les marins hissèrent la voile.

En naviguant au plus près de la côte orientale du Péloponnèse, ils longèrent, le lendemain, les maisons blanches du comptoir crétois de Minoa, et la nuit était tombée quand ils passèrent au large du cap Malée, cher au Centaure Chiron. Le capitaine avait décidé qu'ils marcheraient jour et nuit, à la voile et à la rame, sans escale, pour compenser la relative lenteur de sa galère freinée par le poids de son fret. Hercule ne put que saluer l'île de Cythère près de laquelle naquit Aphrodite de l'écume de la mer, dernier havre possible pour qui voulait s'élancer vers la Sicile et la Méditerranée occidentale. Puis, après avoir croisé l'îlot d'Anticythère qui, par gros temps, voyait dans ses écueils sombrer tant de beaux navires, ils piquèrent droit sur la côte nord de la Crète, la voile toujours gonflée et les rameurs imperturbables à leurs bancs.

Cinq jours après avoir quitté Nauplie, la galère pénétrait sans encombre, en fin de matinée, dans les installations portuaires de Cnossos, à l'embouchure du fleuve Amnisos.

*
* *

Prévenu de l'arrivée imminente du héros, Minos avait envoyé sur le port son chef du protocole et quelques-uns de ses officiers, et c'est avec toutes les marques du plus profond respect et tous les égards dus à un hôte insigne qu'Hercule fut conduit en char de cérémonie à travers les rues de Cnossos, pleines d'une foule gentiment curieuse de voir quel important personnage on pouvait ainsi promener en aussi grande pompe. Sa peau de lion et sa massue firent, comme toujours, leur petit effet, et cela l'amusa. De sa vie, il n'avait vu ville plus grande, plus belle et plus cossue. Le long des rues dallées, parfaitement entretenues, se dressaient, groupées en îlots séparés entre eux par de merveilleux jardins fleuris, d'étroites maisons de pierre ou de brique recouverte d'enduit, hautes de deux ou trois étages et surmontées de toits en terrasses. La plupart avaient en façade des galeries et des portiques aux colonnes galbées, moins larges à la base qu'au sommet. La couleur dominante des maisons était l'ocre jaune mais le fût des colonnes pouvait être peint en rouge vermillon, et la base et le tore servant de chapiteau en noir.

Si, à Cnossos, le roi Minos vivait habituellement dans sa confortable villa royale, décorée et meublée avec luxe mais dont la superficie ne dépassait pas celle des appartements d'Eurysthée, il avait décidé de recevoir Hercule, comme lui fils de Zeus, dans son gigantesque palais-sanctuaire – le plus vaste qu'il fût possible d'admirer en Crète, avec ceux d'autres cités importantes comme Malia ou Phaïstos –, auquel sa villa était reliée par une route privée, la chaussée Royale.

Autour de la cour principale, un quadrilatère de soixante mètres sur trente, s'étalait, sur cinq niveaux, un ensemble aussi fabuleux que disparate de temples à toutes les divinités, dont Gaia, la Terre mère, ou Rhéa, l'épouse de Cronos, de logements pour les prêtres ou les hauts dignitaires, de magasins, d'ateliers, de bureaux, de trésors, de cryptes, de corridors et, bien sûr, d'appartements royaux – chambres, salles de bains, grandes salles de réception de la reine et du roi, toutes décorées de fresques représentant des dauphins, des poissons, des oiseaux, des taureaux, des personnages masculins ou féminins, des motifs géométriques ou floraux d'une richesse d'invention et de couleurs extraordinaire.

C'est justement dans la grand-salle du roi, éclairée par des puits de lumière et divisée en compartiments, que Minos avait choisi de recevoir son visiteur. Il se tenait dans la salle d'audience ouverte sur trois côtés par des baies, assis sur un trône de marbre surmonté d'un dais, adossé à un mur sur lequel on avait suspendu, à côté de doubles haches gravées dans la pierre, des boucliers en forme de huit.

Minos était alors à peine plus âgé qu'Hercule et

son torse et ses jambes nus étaient ceux d'un athlète. Vêtu, sans recherche excessive, d'un pagne à peine plus orné et plus riche que celui de ses officiers, il portait pour tout bijou un bracelet d'or à son bras gauche. Minos était un soldat autant qu'un législateur et un gestionnaire hors de pair, et il passait plus de temps à réfléchir et à courir les mers qu'à se divertir.

Quand Hercule entra, tellement impressionné par ce qu'il venait de voir, il ne put s'empêcher de dire avec enthousiasme en s'inclinant :

« Roi Minos, je te sais gré de m'avoir permis de contempler de telles merveilles. Tout le bien que l'on dit de toi ne suffit pas à se faire une idée de la grandeur de tes réalisations ! »

Le roi se leva de son trône et prit avec naturel le héros dans ses bras.

« N'exagérons rien, mon frère, répondit-il en souriant. Tous les cent mois, je me rends dans la caverne du mont Ida où est né notre père, et c'est lui qui me conseille dans mes entreprises, pour le bien-être de mes sujets. Quant à ce sanctuaire, dressé à la gloire des dieux dont je suis le porte-parole, et non à la mienne, il est l'œuvre d'un architecte de génie, mon ami Dédale que je te présenterai. Tu as déjà constaté combien il affectionne les escaliers et les couloirs qui partent dans tous les sens et qui n'en finissent pas.

Il a fait de ce sanctuaire un véritable labyrinthe ! Mais viens d'abord partager mon repas de la mi-journée, tu dois être affamé. Nous bavarderons en mangeant. »

*
* *

Une heure plus tard, alors que Minos s'était contenté de quelques gâteaux et de quelques fruits, Hercule n'avait pu résister aux viandes que les serviteurs faisaient défiler, uniquement pour lui, sur sa table. Tout en continuant de boire, à moitié allongés, du délicieux vin des coteaux de Cnossos, les deux héros discutaient comme de vieux amis.

« Voilà, soupira enfin Minos, tu connais tout désormais des tourments que nous cause ce taureau pour lequel tu es venu. Poséidon l'a justement rendu fou pour châtier un instant de cupidité irraisonnée dont je me suis seul rendu coupable. Tu sais tout ce que j'ai entrepris pour combattre ce fléau à quatre pattes, mais il semble que Poséidon l'ait rendu invincible ! Autant dire que, si tu arrives à le maîtriser, j'en ferai volontiers cadeau à Eurysthée. Je lui dois tellement d'avoir usé de familiale persuasion à ton endroit pour que tu accoures si vite à mon secours !...

— Halte-là, mon cher roi ! s'écria Hercule stupéfait. Il y a méprise. Tu ne dois rien à ce forban d'Eurysthée. Laisse-moi t'expliquer. Tu n'ignores rien de mes démêlés avec la justice et la lourde condamnation dont j'ai été frappé : dix travaux obligatoires, et sans doute même douze ! » Minos hocha la tête avec compréhension. « Eurysthée, poursuivit Hercule, a eu en l'occurrence la tâche facile. Il ne m'a pas prié, il m'a *ordonné* de venir en Crète dans l'espoir – qui ne le quitte jamais – que j'y laisserai mes deux peaux, celle du lion de Némée et la mienne, au cours du voyage ou dans les cornes de ton taureau. Cela dit, je t'assure que je ne regrette pas le déplacement et que c'est un honneur pour moi de te servir. »

Ainsi parla l'honnête Hercule et le cœur du roi Minos en fut tout réjoui.

« Veux-tu que je mette à ta disposition mes meilleurs chasseurs ? demanda le fils d'Europe. Un bataillon de soldats aguerris ?

— Surtout pas, fils de mon père. Il me faut vaincre seul, répondit Hercule avec fermeté. J'affronterai le monstre dès demain.

— Cela nous laisse une longue soirée, mon frère. Je vais d'abord te faire visiter ce sanctuaire, et avant de te laisser emporter par les Songes, nous souperons aux côtés de la reine Pasiphaé, fille d'Hélios – “Tiens, elle aussi !” pensa Hercule –, et de mon architecte Dédale. Que dis-je un architecte ? Un artiste complet. T'ai-je précisé qu'il était d'Athènes ? Habile en tout : sculpture, mécanique... Il te montrera lui-même cet étrange fil à plomb de son invention, qui lui a permis de construire droit tous ces murs sur cinq niveaux... »

*
* *

En marchant vers le fleuve Téthrys où l'on avait vu le taureau furieux pour la dernière fois, Hercule se remémorait sa passionnante soirée de la veille.

Certes, il avait apprécié en connaisseur la beauté lumineuse de la reine Pasiphaé, habillée somptueusement, par un des grands couturiers crétois, d'une longue robe à sept volants, chacun d'une couleur différente, et d'un corsage, très serré à la taille, qui laissait voir l'intégralité de sa poitrine qu'elle exhibait fièrement, sans fausse pudeur, comme toutes les prêtresses de l'île. La reine n'était-elle pas la grande prêtresse, comme son époux était le roi-prêtre par excellence, et de droit divin ? Il avait moins apprécié sa conversation qui ne tourna qu'autour de la mode féminine, des bijoux et des parfums. En revanche, Minos avait réussi à lui développer les principaux points de la Constitution et du code juridique qui régissent la Crète, et dont il était l'auteur, avec une telle conviction et une telle clarté qu'il n'avait pas réussi à le faire bâiller une seule fois.

Pourtant, celui qui l'avait conquis et enchanté par ses connaissances scientifiques et ses projets farfelus, c'était Dédale ! N'affirmait-il pas, sans rire, qu'il réussirait, quelque jour, à fabriquer une machine volante à l'imitation des oiseaux ?

Une foule de paysans déboulant soudain devant lui, affolés et hurlant de panique, le rappela à la triste réalité. Le taureau, non content d'avoir saccagé leurs récoltes, avait mis le feu à leur village. Une épaisse fumée noire montait à l'horizon, comme pour prouver leurs dires. Hercule n'en était pas moins sceptique. Minos lui avait raconté que le taureau, méthodiquement, mettait l'île en coupe réglée, prenant tout son temps pour déraciner les arbres fruitiers, déterrer les légumes, piétiner les jeunes blés, faire s'écrouler les murets de pierre et les talus, effacer les rigoles d'irrigation. Mais comment un animal, eût-il une force colossale et l'esprit dérangé, arriverait-il à incendier des maisons, même en torchis ?

Lorsqu'il l'aperçut enfin, au détour d'un bosquet de platanes où, disait-on, Zeus aima la jolie Europe, Hercule fut convaincu. L'animal, du plus beau noir, était non seulement d'une taille exceptionnelle et d'une musculature à l'avenant, mais encore il crachait bel et bien des flammes par ses naseaux. Le héros comprit qu'il valait mieux ne pas l'attaquer de front et encore moins s'amuser, à la manière des acrobates crétois, à passer entre ses cornes pour exécuter un saut périlleux au-dessus de son dos et retomber de l'autre côté. Ce taureau-là ne devait apprécier que les spectacles qu'il organisait lui-même. Comme il n'était pas question de le blesser d'une flèche ni de risquer de le tuer d'un coup de massue mal dosé, Hercule décida de l'approcher par-derrière et de lui bondir sur le poil en comptant sur l'effet de surprise. Profitant de ce que le taureau était occupé à piétiner, à petits coups de sabots précis, un carré de jeunes fèves qu'il calcinait ensuite de son souffle puissant – sans savoir qu'il pratiquait ainsi, en grand stratège, la tactique de la terre brûlée –, Hercule, sa massue glissée sous son bras gauche, s'élança sur son dos et saisit ses deux cornes, haut relevées sur le front, avec l'intention de lui tordre le cou pour l'obliger à mordre la poussière. Hélas ! l'animal, sentant soudain sur lui cette présence pesante et inattendue, et ces deux mains puissantes agrippées à ses cornes, se mit, pour s'en débarrasser, à ruer, à bondir des quatre membres, à secouer sa tête et son dos, à tourner en rond comme une toupie, et c'est Hercule qui d'attaquant se vit contraint à la défensive. Avec la vigueur du désespoir, il enserra de ses cuisses le poitrail du monstre, soucieux de ne pas être éjecté avant que celui-ci se fatigue. Le taureau, déconcerté et inquiet de la résistance de son agresseur invisible, fonça, toujours cabriolant, en direction du Téthrys tout proche et, volontairement ou non, se jeta à l'eau.

Emportés par le courant, monture et cavalier filèrent vers la mer. Un enfant qui les vit, par hasard, passer depuis la berge cria, tout excité :

« Maman, maman ! Viens voir. Un lion assis sur un taureau ! Ils descendent le Téthrys !

— Rentre manger ta bouillie au lieu de dire des sottises », répondit de l'intérieur de leur maison sa mère, qui ne croyait pas aux histoires merveilleuses.

Parvenu à l'embouchure, le taureau, ravi sans doute de retrouver l'élément dont il était sorti, quelques semaines plus tôt, par la grâce de Poséidon, mit sans hésiter cap au nord et, avec Hercule abasourdi toujours juché sur son dos, entreprit de nager à grands coups de pattes réguliers. Le jet de vapeur qui sortait à chaque expiration de ses naseaux le transformait, avec son cavalier, en une fantastique machine que Dédale n'eût pas désavouée. Hercule eut la force de penser : « Si je m'en sors, j'enverrai un courrier à Minos pour m'excuser d'un départ si brusqué. »

Le lendemain, frappant toujours la mer de ses pattes à une vitesse vertigineuse, le taureau louvoyait entre les Cyclades ourlées d'écume quand il infléchit sa course vers l'ouest. La vigie d'un gros navire phénicien, l'apercevant alors que tombait le jour, hurla dans les embruns :

« Un lion sur un taureau crachant de la vapeur par tribord avant ! Vitesse estimée : trente nœuds !

— C'est toi qui vas écoper trente jours à fond de cale ! lui répondit son capitaine. Viens ici, ivrogne ! »

À l'aube, le taureau et Hercule abordaient sur le rivage de la baie d'Argos. Était-ce l'effet de la fatigue ou de la résignation, ou plutôt la volonté de Poséidon, heureux du spectacle hilarant que venaient d'offrir à toute sa famille des mondes marin et sous-marin Hercule et le taureau noir, toujours est-il que ce dernier s'arrêta sur la plage et attendit gentiment, en ruminant une herbe imaginaire, que le héros, sonné par sa course insensée au large, se décide à mettre pied à terre. Ensuite, le mufle et l'œil éteints, il suivit avec docilité, sur le plancher des vaches, la marche douloureuse, jambes arquées, d'Hercule.

*
* *

Accompagné, processionnellement, de ses conseillers et courtisans, le roi Eurysthée, en grand apparat de pourpre et d'or, pénétra dans le sanctuaire d'Héra, tenant en laisse un taureau de Crète placide, décoré de fleurs et de bandelettes colorées, les cornes dorées. Il commençait à gravir la voie sacrée qui conduisait au temple où les prêtres l'attendaient pour procéder au sacrifice, lorsque Héra, du haut de l'Olympe, crut le reconnaître, tant son aspect ridicule était unique au monde.

D'abord flattée de la délicate démarche de son protégé et radoucie par l'heureuse initiative dont il avait fait preuve en envoyant Hercule jusqu'en Crète, elle se pencha un peu plus, curieuse et intéressée, vers la terre pour essayer de distinguer quel bovidé il pouvait bien lui apporter en cadeau de réconciliation.

« Oh ! le goujat ! le malappris ! » gronda-t-elle soudain, pâle de colère, et incapable de se contrôler davantage, l'ardente épouse de Zeus tonnant se propulsa en un instant au milieu de la voie sacrée.

Prenant alors, faute de mieux, l'apparence et la voix de Coprée, elle s'écria :

« Arrête, misérable ! Qu'est-ce qui te rend si hardi de vouloir m'offrir en sacrifice justement ce taureau parmi des milliers d'autres ? Veux-tu que la fumée de son bûcher me fasse pleurer des larmes de rage ? Sais-tu bien, bravache, de quel animal il s'agit ? »

En entendant cette diatribe sortir de la bouche de ce qu'il pensait être son serviteur, Eurysthée se dit qu'Hercule, pour se moquer de lui, lui avait sans doute fait boire, à son insu, une coupe de jusquiame hallucinogène. Quand il se fut frotté les yeux à plusieurs reprises, il comprit qu'il ne rêvait pas et son visage blanchâtre vira au rouge brique.

« Et toi, que fais-tu ici, Coprée, s'indigna-t-il, alors que je t'avais laissé au palais pour ne pas déparer mon cortège ? As-tu perdu la tête d'oser m'invectiver de la sorte en public ?

— C'est toi, l'insensé, continua Héra-Coprée, qui as le front de vouloir me donner comme présent la bête que je hais le plus, ce taureau dans lequel s'est autrefois métamorphosé mon époux volage pour enlever plus facilement la fille d'Agénor, cette garce, cette pimbêche, cette mijaurée d'Europe ! Tu n'as rien trouvé de plus galant, pour me complaire, que de me rappeler avec ces longues cornes celles que Zeus me fait porter ? Hors de mon sanctuaire ! Hors de ma vue, toi et ton taureau que Zeus avait emprunté à son complice Poséidon ! »

Ayant prononcé ces paroles définitives, Héra décida de remonter dans l'Olympe pour y passer le reste de sa colère sur le roi des Immortels. Mais auparavant, pour faire bon poids, elle gifla de sa blanche main Eurysthée qui, en sentant sur sa joue le parfum d'iris de la déesse, comprit, un peu tard, que ce Coprée ne pouvait être Coprée. Puis la déesse décocha un méchant coup de pied au taureau paisible, qui, brusquement tiré de sa torpeur, gratta aussitôt la terre de ses sabots de devant, et s'essaya à lancer de nouveau quelques flammes de ses naseaux. Une fois sous pression, il rompit net sa corde et partit à toute vapeur semer la débandade dans la procession, la panique dans le sanctuaire et la désolation dans toute l'Argolide. D'aucuns le virent, une semaine plus tard, à la fois en Arcadie et en Élide. Un mois après, il traversait de nuit, à ce que raconta un aveugle, l'isthme de Corinthe. Aux dernières nouvelles, on l'aurait aperçu, du côté d'Athènes, en train de ravager consciencieusement la plaine de Marathon.

8

Hercule et les juments de Diomède

D'Hercule, fils de Zeus et d'Alcmène/Athènes
à
Iolaos, fils d'Iphiclès et d'Automéduse/Thèbes

Boèdromiôn
septembre-octobre
tritè istaménou
3e jour de la 1re décade
péri orthron
au point du jour

Mon cher neveu,
Comme tu peux le constater, je t'envoie cette mis-

sive d'Ahènes où je vais tout à l'heure participer, quoi qu'il m'en coûte, aux fêtes en l'honneur d'Athéna, ma divine amie. Tu sais que nous commémorons aujourd'hui sur l'Acropole la victoire qu'elle et son olivier remportèrent sur Poséidon et son trident faiseur d'eau salée, victoire qui la consacra à tout jamais protectrice de cette cité. Mon dessein n'est donc pas de te rappeler cet événement heureux, mais au contraire, hélas ! de te faire entrer avec moi dans l'horrible nuage de douleur qui m'environne depuis un mois.

Que n'ai-je pu, en effet, échapper au funeste huitième travail auquel me contraignit Eurysthée ! Pourquoi les cruelles Moires qui régissent notre destinée ne se sont-elles pas acharnées sur moi plutôt que sur ce que j'avais de plus cher au monde ? Mais assez de prolégomènes et prête un œil attentif à ce récit que tu trouveras, je le crains, bien confus.

Il y a plus de deux mois maintenant, alors que les moissonneurs, en louant Hélios et Déméter, s'activaient dans les champs d'Argolide, Eurysthée me convoqua à Mycènes et après toute sorte de précautions oratoires me dit à peu près ceci :

« Mon cousin, rends-toi en Thrace, à Tirida, la ville de Diomède, roi des Bistones. Il paraît que ce sauvage, avec sa bande de naufrageurs, fait dévorer par ses juments tous les voyageurs étrangers que la tempête

pousse sur ses côtes. Après les avoir, bien sûr, dépouillés et avoir pillé leurs navires. Si cette histoire, que personnellement j'ai du mal à croire, est vraie, empare-toi de ces juments anthropophages et ramène-les-moi ici. Je les offrirai à Héra. Tu sais que j'ai à me faire pardonner le taureau de Crète... Et comme l'aventure, si aventure il y a, peut se révéler périlleuse, l'affection que je te porte m'autorise à laisser quelques compagnons, que tu recruteras toi-même, t'accompagner. »

J'aurais dû me douter que, venant de cet hypocrite, cette apparente compréhension dissimulait forcément un piège sournois, d'autant que Coprée, derrière lui, ne pouvait s'empêcher de ricaner sottement ! Ah ! si un méchant accident de char ne t'avait pas tenu immobilisé pour quelques semaines, tu te serais alors trouvé à mon côté et ton bon sens m'eût alerté !

Bien que Diomède fût fils d'Arès et donc dangereux, c'est sans inquiétude ni méfiance particulières que je m'occupai à constituer une troupe valeureuse d'une trentaine de gaillards que cette expédition vers les lointaines contrées du septentrion séduisait. D'après les renseignements d'Eurysthée, Diomède devait sévir le long de la côte nord de l'Égée, à hauteur de l'île de Thasos, riche en marbre. Tu connais l'inhospitalière Thrace aussi bien que moi, nous y sommes allés chasser assez souvent. Beaucoup d'or et d'argent sur le mont Pangée, mais surtout beaucoup de forêts impénétrables et des populations hostiles et belliqueuses qui vivent encore en tribus analphabètes, aux mœurs barbares. De la graine de mercenaires et d'esclaves ! Pour ne pas risquer, alors que rien ne nous pressait, qu'un vent contraire nous drossât brutalement à la côte, je décidai, avec prudence, de prendre, à cheval ou en char de guerre, la voie de terre, plus longue mais moins aléatoire, car elle suit au plus près le littoral dès que, après avoir longé l'Eubée, on atteint la Thessalie.

Je sais, maintenant que tu as lu ces lignes, à qui tu penses soudain, toi qui l'as vu chez moi, au printemps dernier, et qui as, comme moi, apprécié sa tendre sollicitude et son caractère spontané. Eh bien oui, le jeune et bel Abdèros, fils de mon ami le roi Ménœtios d'Oponte, vivait toujours avec moi quand Eurysthée m'a convoqué, et le cher enfant n'a pas voulu que je me débarrasse de lui en le renvoyant chez son père. Tu connais sa fougue et son goût du danger...

Malgré tous mes efforts pour le convaincre de me laisser pour un temps, Abdèros m'accompagna. Tout au long du chemin, sa joie et son entrain firent merveille sur notre moral. Il ne quittait mon côté que pour aller caracoler en avant-garde, fier de maîtriser aux yeux de tous une monture réputée difficile. Ah ! les belles nuits que nous passâmes, lui appuyé contre moi, à regarder, dans le ciel constellé, le lever d'Orion et le coucher de la Couronne ! Ah, que ce souvenir me fait mal ! Maudit soit Eurysthée !

*
* *

Nous arrivâmes un soir près de Tirida, une ville – si l'on ose dire ! – de huttes en osier et de cabanes en planches misérables, dans une plaine basse et marécageuse, en bordure de mer. Un éclaireur vint m'avertir qu'il avait repéré, à l'entrée de la ville, les écuries de Diomède, gardées seulement par une poignée de valets occupés à boire ou à dormir. À la nuit tombée, à la tête d'un commando de six hommes rapides et silencieux, je m'introduisis sans difficulté dans le bâtiment après avoir assommé les valets... suffisamment fort pour qu'aucun ne se réveillât jamais. Quatre stalles en pierre étaient occupées, chacune portant, au-dessus de la porte, un nom masculin, surprenant pour des juments : Podargos, Lampon, Xanthos et Déinos. En fait de juments, j'eus tout de suite la confirmation qu'il s'agissait de chevaux et même d'étalons pur sang. Hauts sur jambes, la robe blanche, le poitrail large mais l'encolure fine, ils étaient fantastiques de force et d'inquiétante beauté. Leurs yeux rouges et leurs lèvres retroussées sur des dents ensanglantées, de même que les reliefs humains qui garnissaient leurs mangeoires et jonchaient la paille sur le sol nous prouvèrent, s'il en était besoin, qu'il s'agissait bien des monstres que nous cherchions.

Sans hésiter, quoique sans les quitter du regard, je détachai les chaînes d'acier qui les liaient à leurs mangeoires d'airain. À ma vive surprise, ils ne bronchèrent ni ne hennirent, et nous suivirent calmement, moi et mes compagnons. Une heure plus tard, nous rejoignîmes le gros de notre troupe, au bord de la mer, avec l'intention de faire demi-tour et de regagner sans tarder, mission remplie, notre mère patrie. Pauvres présomptueux que nous étions ! Nous n'avions pas parcouru une demi-lieue que des centaines de torches s'allumèrent dans Tirida et que des appels et des hurlements de colère parvinrent à nos oreilles.

Avisant une colline boisée dont la masse sombre se découpait sur le ciel, Abdèros me dit alors :

« Cher Hercule, laisse-moi ton char et confie-moi la garde de ces bêtes qui ne m'effraient pas. Ne se nourrissent-elles pas que de cadavres et ne suis-je pas bien vivant ? Je vais me dissimuler avec elles dans ce bois là-bas. Quant à vous, attendez de pied ferme les Bistones et, lorsqu'ils seront sur vous, saignez-les comme des porcs qu'ils sont ! Puis, cette salubre besogne accomplie, venez me rejoindre ! »

Ainsi parla avec calme et détermination Abdèros, et, pauvre inconscient que j'étais, je crus que sa solution, qui le tenait éloigné du combat, était la meilleure qui se pût trouver ! Il partit gaiement de son côté et j'entraînai mes compagnons vers une langue de terre ferme surélevée, facile à défendre, entre la mer et les marécages. Nous descendîmes de nos chars et de nos chevaux qui ne nous serviraient à rien pour combattre en un lieu aussi étroit.

Diomède le détrousseur et ses Bistones attendirent, pour nous attaquer, les premières vapeurs orangées de l'aube, quand les réflexes sont lents et la vigilance engourdie chez ceux qui, comme nous, n'ont guère dormi. Par bonheur, notre position nous avantageait car ils ne pouvaient se déployer en face de nous sur plusieurs lignes à cause des marécages. Au nombre de deux ou trois cents peut-être, sales et hirsutes, vêtus de peaux de bêtes immondes, ils s'élancèrent de très loin, en poussant des cris horribles et en brandissant des haches et des épieux. Nous en tuâmes une centaine à coups de flèches avant d'en arriver au corps à corps. Leurs assauts désordonnés nous servaient, autant que notre discipline et notre science du combat. Mais si ma massue restait toujours aussi légère et aussi efficace dans ma main, les bras de mes compagnons, à force de frapper les têtes comme des bûcherons les souches, commencèrent à faiblir. Pied à pied, nous reculâmes. Quand Diomède, du haut de son char, rameuta des renforts et condescendit enfin à faire lui-même mouvement sur nous, j'entrepris, avec trois compagnons, et sans doute l'aide cachée d'Apollon et Athéna, de creuser un tunnel sous notre langue de terre, entre la mer et les marais, et brusquement, alors que mes autres compagnons allaient s'effondrer sur le sable, la mer écumeuse en bouillonnant s'élança dans la plaine, et emporta avec elle les troupes de réserve de Diomède. Seuls restèrent debout ceux des Bistones qui avaient pu se hisser à côté de nous, Diomède à leur tête. Je te fais grâce des injures que nous nous lançâmes ! Je me jetai sur lui en invoquant la foudre de mon père et, d'un seul coup de ma bonne massue en olivier, je lui brisai le crâne. Ma troupe, ragaillardie, mit en fuite les Bistones survivants. Nous étions vainqueurs et n'avions dans nos rangs que quelques blessés. Bien qu'exténués, nous eûmes encore la force, en entonnant un chant de victoire, de rassembler nos chars et nos chevaux, et de courir annoncer la bonne nouvelle à Abdèros.

Mon cher neveu, trouverai-je les mots et arriverai-je à les tracer dans la cire tant mes yeux se brouillent de larmes amères ? Courage, fils d'Alcmène, il te faut continuer.

En parvenant près de la colline boisée, nous vîmes les quatre étalons, autour du char broyé, en train de piétiner, en hennissant de rage, ce qui n'était plus – tu l'as deviné – que le cadavre de mon jeune ami. Je bondis vers eux en jetant un cri affreux, alors qu'ils s'apprêtaient à mordre son pauvre visage méconnaissable. Ô dieux de l'Olympe, que s'était-il passé ?

Sans doute, nous voyant en difficulté et en train de ployer sous le nombre, voulut-il atteler les étalons au char que je lui avais laissé et voler à notre secours, mais ceux-ci, n'ayant jamais connu l'assujettissement du timon et des rênes, se rebellèrent-ils quand il les fouetta, et le malheureux enfant, incapable de les maîtriser, fut-il projeté hors du char, sous les roues, et piétiné par les sabots des bêtes affolées tournant en rond pour se débarrasser de leur charge inconnue...

Avant de me baisser pour prendre dans mes bras le corps sans vie de mon cher Abdèros, j'ordonnai à l'un de mes compagnons immobiles, frappés d'une douleur muette, de me rapporter le cadavre de Diomède et de le jeter en pâture à ses propres monstres. Ceux-ci ne se firent pas prier et, se calmant instantanément, ils paissèrent leur maître... Longtemps, nous restâmes paralysés, le regard fixe, fascinés par cet écœurant spectacle.

*
* *

Comme tu l'imagines, je ne voulus laisser à personne d'autre le soin d'organiser les funérailles. Je lavai le cadavre de mon ami, couvert de sang et de boue, à l'eau d'une source limpide et fraîche, j'oignis son corps d'huile parfumée et tressai pour sa chère tête une couronne d'œillets – la fleur de Zeus – que je préférai aux asphodèles grisâtres d'Hadès. Pendant ce temps, mes compagnons confectionnaient un lit de parade avec des roseaux et dressaient sur la plage un immense bûcher. Nous passâmes tout le jour à pleurer et à gémir, en entonnant, à intervalles réguliers, tous en chœur, les poignants chants funèbres, serrés autour du lit où reposait désormais la lumière de mes jours, enfouie dans un linceul.

Quand parut dans le ciel l'étoile du soir, nous sacrifiâmes un taureau blanc, des chèvres et des moutons, et nous festoyâmes sans arrière-pensée, buvant et mangeant pour honorer Abdèros et refaire nos forces anéanties par le chagrin plus que par le combat du matin.

Après avoir hissé le corps au sommet du bûcher, c'est moi-même qui y mis le feu pour que la chère âme puisse enfin s'envoler, avec la fumée, sur les ailes de Zéphyr, jusqu'aux Enfers. Toute la nuit le brasier crépita et, décidé à le regarder se consumer jusqu'à la fin, je repoussai les assauts du Sommeil invincible.

Quand Hélios fit avancer son char à l'horizon du levant, je jetai sur les cendres une coupe de vin et plaçai ce qui restait des ossements calcinés dans une urne que j'allai déposer là où nous avions combattu. Mes compagnons et moi recouvrîmes alors celle-ci d'un monticule de terre et de pierres surmonté d'une stèle de marbre, face à la mer nourricière. Et c'est sur la plage, devant ce modeste tombeau, que je présidai enfin les jeux funèbres où mes compagnons eurent à cœur de rivaliser de force et d'agilité dans les épreuves athlétiques où tous les Grecs excellent : courses, sauts, lancer du javelot, lutte... Mais quand l'un d'eux voulut clore ces jeux par la traditionnelle course de chars, je m'y opposai formellement. C'est par un char et des chevaux que mon malheur était arrivé.

Voilà, mon bon neveu. Que te dire d'autre ? M'épancher dans ton giron m'a fait du bien. Je sais que, prenant désormais ta part d'affliction, tu vas communier avec moi dans le souvenir de notre ami et m'aider à supporter le fardeau de sa disparition. Pitoyable héros, me ferai-je un jour à l'idée que je suis à tout jamais privé de ses juvéniles ardeurs ?

Dès que je le pourrai, je retournerai en Thrace. Je veux créer autour de son tombeau une ville qui portera éternellement son nom : Abdère. Cela sonne comme son rire quand nous courions ensemble sur les plages de Nauplie...

Il faut pourtant que, malgré moi, je termine ce récit sur une note plaisante. J'ai donc remis, comme prévu, à Eurysthée les quatre étalons que j'avais, pour le retour, attelés au char de Diomède. Sentant sans doute confusément que je n'étais pas d'humeur à les laisser ruer autour du timon, ils furent d'une parfaite doci-

lité tout au long de la route, au grand étonnement de mes compagnons. Eurysthée, je ne sais pourquoi, se montra déçu que ces étalons ne fussent pas des juments et faillit m'en manifester quelque aigreur. Le regard que je lui lançai suffit à le radoucir. Il paraît qu'en ce moment encore il erre sur les pentes de l'Olympe avec les quatre étalons de Diomède, lançant à tous les échos le nom d'Héra, dans l'espoir que la déesse va trouver le temps de descendre à sa rencontre pour emporter avec elle ce peu ragoûtant cadeau...

Puisse cette missive, mon cher Iolaos, te trouver en bonne santé auprès des tiens, dans cette cité de Thèbes où je connus autrefois un court bonheur, pourtant trop long encore pour l'implacable épouse de Zeus.

Khaïré, *réjouis-toi.*

9

Hercule et la ceinture d'Hippolytè

Ce jour-là, pour recevoir Hercule que Coprée était allé chercher dans le plus grand secret, Eurysthée avait choisi l'intimité de ses appartements privés, construits sur deux étages, dans la partie la plus haute de l'acropole de Mycènes. On y jouissait, depuis les galeries à colonnade qui en éclairaient la façade, d'une vue extraordinaire sur les collines couvertes d'oliviers et la vallée riche en blé qu'empruntait la route de Corinthe à Argos.

Dès que Coprée, en se grattant d'une main le crâne et de l'autre la fesse gauche, eut introduit Hercule dans l'antichambre, Eurysthée se précipita vers son visiteur, le prit par le bras et lui dit tout bas, avec un air de conspirateur qui lui allait à merveille :

« Montons sur la terrasse, si tu le veux bien, mon cher cousin. Ce que j'ai à te dire est si personnel... » Puis se tournant vers Coprée, il ajouta avec autorité : « Je ne veux pas être dérangé. Veille à ce que personne, ni la reine Antimachè, ma noble épouse, ni aucun de mes turbulents enfants, n'entre ici. Tu m'en réponds sur ta tête ! »

Coprée s'inclina avec soumission, en se grattant de plus belle, tandis qu'Hercule, qui n'avait jamais vu que de loin Antimachè et ses rejetons, au point d'avoir oublié jusqu'à leur existence même, suivait son royal cousin en se demandant ce qu'il lui mijotait encore de désagréable.

Sur la terrasse, une petite tour carrée, ouverte sur un côté par une large baie, avait été aménagée en salon de repos et de méditation, agréable les jours de soleil ou de pluie. Eurysthée y venait chaque après-midi, avec la détermination farouche d'y élaborer de vastes desseins, mais à peine était-il étendu sur un divan qu'il s'y endormait, sans remords puisque sans conscience.

Après avoir vérifié, en faisant claquer ses cothurnes tout autour de la terrasse, qu'ils étaient bien seuls, Eurysthée se lança sans hésiter – « si seulement c'était dans le vide ! » eut le temps de penser Hercule :

« J'ai besoin que tu ailles, quelque part en Asie Mineure, rendre visite à la reine des Amazones, Hippolytè, et que tu te débrouilles pour me rapporter, d'une façon ou d'une autre... sa ceinture ! Voilà, c'est tout !

— Comment ça, "c'est tout" ? s'indigna aussitôt Hercule. Si je comprends bien, tu voudrais que je déclare la guerre aux Amazones et que je tue leur reine pour lui voler simplement sa ceinture !

— Qui te parle de guerre, d'assassinat et de vol, impulsif cousin ! s'empressa de dire Eurysthée. À ce que prétend la rumeur, tu n'as jamais eu besoin d'user de violence pour obtenir d'une femme ce que tu lui demandais gentiment...

— Tu me flattes, fils de Nicippè, sourit Hercule malgré lui. Mais quand bien même mes charmes se révéleraient, en l'occurrence, irrésistibles, pourquoi, par Zeus, as-tu besoin de sa ceinture plutôt que des richesses dont regorge son palais ?

— Parce que cette ceinture, cadeau d'Arès, symbolise son pouvoir, expliqua Eurysthée, comme, chez nous, le sceptre. Sans elle, elle ne serait qu'une Amazone ordinaire.

— Voyons, beau cousin, ton propre pouvoir

serait-il si peu solide que tu éprouves le besoin de le conforter ? interrogea encore Hercule, abasourdi.

— Tu n'y es pas du tout ! s'exclama Eurysthée. Je n'ai que faire personnellement de cette ceinture. À la vérité, murmura-t-il soudain attendri, c'est Admètè, ma fille chérie, qui souhaiterait l'avoir pour elle. Sache, confidentiellement, que, depuis son plus jeune âge, elle convoite les fonctions de grande prêtresse du sanctuaire d'Héra à Argos. Ce serait un honneur pour notre famille. Or, les postulantes ne manquent pas... Celle qui aurait la chance de détenir la ceinture d'Hippolytè éliminerait *de facto* toutes les autres !...

— Bien calculé, admit Hercule. Tel père, telle fille ! Pour peu que tes cinq fils aient de l'ambition, tu as du souci à te faire !

— Mon cousin, je ne te demande pas de commentaires ironiques sur ma fille et mes garçons. Ou dois-je te rappeler quel sort tu as réservé aux tiens ? »

Hercule pâlit sous l'allusion perfide, et sa main se crispa sur sa massue. Eurysthée, qui s'en rendit compte, redevint tout miel :

« Fils de la douce Alcmène, comprends-moi. Je n'ai qu'une fille que j'ai consacrée à Héra dès sa naissance. Devenir grande prêtresse est le rêve de sa vie. Et je ne sais pas quoi lui offrir pour son anniversaire... » Sa voix se mit à trembloter d'émotion contenue : « Je te le demande comme un service... Ce sera ton neuvième travail... Quasiment une bonne œuvre...

— Soit, dit enfin Hercule. Si tu me laisses mener cette expédition à ma guise, je te rapporterai cette ceinture.

— Mais t'ai-je déjà empêché, mon cher cousin, d'agir à ta guise ?

— Tu parles ! »

*
* *

Comme souvent lorsqu'il était en affaires avec Eurysthée, Hercule avait installé son quartier général à l'auberge de Nauplie *Aux Jardins d'Aphrodite* dont la patronne, une veuve encore belle qui était aussi une maîtresse femme, ne lui refusait plus rien depuis longtemps. C'est donc de là qu'il envoya aussitôt des messagers à Thèbes, à Égine, à Iolcos, à Athènes où se trouvaient respectivement son neveu Iolaos, ses amis de longue date Télamon, Pélée et Thésée. Il leur demandait, sans entrer dans les détails, de rappliquer au plus vite pour l'aider à monter une expédition importante et lointaine. Tout en les attendant, le héros s'employa à affréter, pour six mois, un navire de guerre solide et rapide.

En inconditionnels d'Hercule, les quatre arrivèrent à l'auberge dix jours plus tard, joyeux et impatients. Tous jeunes et athlétiques, beaux comme Apollon et le sachant, d'un tempérament à toute épreuve, durs au mal et prêts à toutes les embrouilles, à tous les coups tordus. Des aventuriers comme les aimait Hercule, sculptés à son image.

Iolaos, toujours aux petits soins pour son oncle, était non seulement un redoutable conducteur de char, mais aussi un combattant valeureux et malin. Hercule ne pouvait se passer de lui, même quand cela n'était pas du goût d'Eurysthée. Thésée, fidèle en amitié, était lui aussi un garçon décidé et plein d'avenir. Il succéderait à coup sûr à son père sur le trône d'Athènes, malgré les nombreux adversaires qu'il comptait au sein de sa propre famille. Pour preuve des qualités du jeune homme, Hercule se plaisait à raconter cette anecdote : un jour pas très lointain, il y avait sept ou huit ans peut-être, Hercule, invité à souper chez le roi d'Athènes, s'était débarrassé dans un couloir de sa peau de lion pour être plus à son aise ; à la nuit tombée, les enfants qui jouaient dans le palais aperçurent soudain cette inoffensive peau et la prirent, leur juvénile imagination aidant, pour un fauve de chair et d'os ; tandis qu'ils s'enfuyaient en hurlant dans toutes les directions, seul le jeune Thésée ne broncha pas ; empruntant l'épée d'un garde qui passait par là, il se jeta sans hésiter sur le lion pour lui couper la tête. Depuis ce jour, Hercule se décida à suivre de près la carrière du garçon. Inutile de préciser quelle admiration Thésée vouait en retour à Hercule qu'il considérait comme son mentor. Quant aux deux frères Télamon et Pélée, le premier serait un jour le père d'Ajax et le second celui d'Achille, deux des plus fameux héros de la future guerre de Troie. En attendant, les deux garçons avaient commencé dans la vie en se débarrassant de Phocos, leur frère aîné, sous prétexte qu'il était meilleur qu'eux dans les compétitions sportives. Autrement dit, les lauriers qu'il récoltait leur faisaient de l'ombre. C'est Télamon que le sort avait désigné pour jouer les exécuteurs et il s'acquitta fort proprement de sa tâche. Au cours d'un lancer de disque, il expédia l'objet en bronze d'un poids de cinq kilos en plein sur la tête de Phocos... Nonobstant, Télamon et Pélée étaient de gais compagnons et les meilleurs hommes du monde si on ne leur cherchait point querelle...

Dès le premier soir à l'auberge, Hercule les mit avec précision au courant de ses intentions et la conversation s'anima dès qu'il fut question des Amazones.

« Je sais que les plus anciennes d'entre elles, affirma Thésée, sont filles d'Arès et d'Aphrodite – ce qui suffit à expliquer leur double nature :

femmes-soldats qui ne prennent du plaisir qu'arme en main, mais belles à couper le souffle, paraît-il.

— Si elles vivent maintenant au sud de la mer Noire, elles sont nées du côté du Caucase, précisa Pélée. Elles ont essaimé en Thrace et même en Afrique. On dit qu'elles ont fondé autrefois Smyrne et Éphèse, entre autres villes de la côte égéenne d'Asie Mineure.

— En effet, confirma son frère. Nous avons même vu à Éphèse le plus grand temple jamais construit à la gloire d'Artémis, leur patronne.

— Chasseresses et guerrières comme Artémis, soit ! Cela dit, j'espère que, comme elle et Athéna, la protectrice de ma cité, elles ne sont pas toutes restées vierges, fit remarquer Thésée. Ce serait dommage !

— Celles qui le sont encore ne le seront plus longtemps dès que nous aurons débarqué, assura Pélée en bombant le torse.

— À la différence des autres femmes, elles refusent de se soumettre à des hommes et elles aiment même si peu leur compagnie qu'elles les jettent dès qu'elles ont fini de s'en servir, crut devoir ajouter Iolaos.

— Voyons un peu ! s'exclama Hercule. Et comment sais-tu cela, mon neveu ? Par expérience personnelle ? »

Tous hurlèrent de rire, mais Iolaos poursuivit sans se démonter :

« Un marchand m'a raconté qu'une fois l'an elles se rendent chez les Gargaréens, de robustes montagnards qui leur font, vite fait, bien fait, de beaux enfants. Si ce sont des filles, aucun problème, elles deviennent des Amazones. Si ce sont des garçons, ils deviennent des esclaves à leur entier dévouement, quand elles ne les éliminent pas purement et simplement !...

— J'ai du mal à le croire ! s'indigna Télamon. En tout cas, je pense en toute modestie que, lorsqu'elles me verront nu au bord de la mer, il ne sera plus question pour elles d'un séjour à la montagne...

— À la tienne, mon frère ! dit Pélée en riant. Rappelle-toi ce qu'on nous a fait remarquer à Éphèse. *Amazone* signifiant littéralement "celle qui n'a pas de sein", on en déduit qu'elles se feraient couper le sein droit pour mieux tirer à l'arc.

— Et celles qui sont gauchères ? demanda innocemment Iolaos.

— Mes enfants, conclut Hercule, nous aurons l'occasion de vérifier tout cela dans quelques semaines. Mais en douceur, compagnons ! Avec les seules armes de votre charme et de votre persuasion. N'oubliez pas que je préfère remplir ma mission sans violence. Bien ! Dès demain à l'aube, tout le monde sur le pont, c'est l'occasion ou jamais de le dire ! »

*
* *

Comme tous les Grecs, Iolaos, Thésée, Télamon et Pélée vivaient tournés vers la mer, et n'ignoraient rien de ses dangers. Férus de navigation, ils se montrèrent satisfaits du choix d'Hercule. Leur bateau avait fière allure. Si l'on en jugeait par la sculpture blanche qui ornait sa proue, il avait nom *Le Cheval des mers,* sans doute pour s'attirer les bonnes grâces de Poséidon dont les chevaux blancs étaient les animaux fétiches.

Basse sur l'eau, comme la plupart des nefs de l'époque, mais pontée avec un gaillard à l'avant et un à l'arrière, c'était une galère de combat légère et racée. Sa coque, de couleur ocre, devait mesurer, de la proue à la poupe, sans compter le beaupré, trente-cinq mètres au moins sur cinq ou six de large. Le bordé était renforcé d'une rangée de boucliers ronds. Le mât, en cyprès, haut d'une douzaine de mètres et surmonté d'une hune, était rabattable et capable d'accueillir, avec une vergue de vingt mètres, une voile rectangulaire, faite de morceaux de toile multicolores cousus ensemble, et bordée de cuir pour se déchirer moins facilement dans le mauvais temps. Presque tous les cordages étaient en cuir tressé.

Les cinq compagnons se répartirent les tâches. Hercule tint à engager lui-même le capitaine et le barreur, et deux ou trois marins pour la manœuvre de la voile. Télamon et Pélée se chargèrent de recruter cinquante rameurs, tous des hommes libres, capables de manier l'épée aussi bien que l'aviron. Les ports n'en manquaient pas. Thésée et Iolaos s'occupèrent de l'intendance : vivres, eau douce, armement.

Ils appareillèrent un matin d'avril, à l'heure où l'Aurore émerge de son berceau de brume, et se livrèrent au bon gré de la brise. Thésée, qui avait la meilleure vue, remplit les fonctions de pilote et grimpa dans la hune. Le lendemain, ils croisaient au centre de l'archipel des Cyclades et de ses redoutables écueils, et arrivèrent en vue de l'île montagneuse de Paros, célèbre pour ses carrières de marbre et ses vignes. On apercevait, sur le mont Koumados, le temple d'Aphrodite. Approuvé par Hercule, le capitaine décida de jeter l'ancre dans l'unique port de l'île et envoya deux marins à terre pour y faire provision d'eau.

« Méfiez-vous, leur cria-t-il. J'ai l'impression qu'on nous regarde d'un sale œil. »

Les rares habitants de la ville de Paros qui se trouvaient sur le port se montrèrent en effet mi-effrayés, mi-hostiles dès qu'ils virent accoster *Le Cheval des mers.* Quelques-uns suivirent même les deux marins qui s'enfonçaient dans une ruelle au bout de laquelle coulait une fontaine.

Comme la plupart des îles de l'Égée, Paros relevait de l'autorité de Minos, roi de Crète. Si le roi officiel de l'île, placé là par lui, était un certain Alcée, honnête homme au demeurant, toute l'économie de l'île était entre les mains de quatre des fils de Minos.

Que se passa-t-il exactement près de la fontaine ? Hercule et ses compagnons n'en surent rien sur le moment. Toujours est-il qu'ils entendirent les deux pacifiques marins porteurs d'eau hurler :

« À l'aide, compagnons, on nous attaque !

— Branle-bas de combat ! ordonna avec calme Hercule. Trente hommes à terre avec Télamon, Pélée, Iolaos et moi. Les autres restent à bord avec Thésée. Capitaine, parez à manœuvrer d'urgence dès que nous serons de retour ! »

Lorsque la petite troupe arriva au bout de la ruelle, les fils de Minos achevaient leur vilaine besogne, leurs épées rouges du sang des deux inoffensifs marins.

« Voilà le sort que l'on réserve aux pirates ! eut le temps de crier l'un d'eux avant que la massue d'Hercule ne lui brisât le crâne.

— Nous, des pirates ? » vociféra le héros. Et, incapable de se maîtriser, il fit subir le même sort aux trois autres en ajoutant : « Être agressé par les propres fils d'un ami ! Quelle époque ! »

Pendant ce temps, ses compagnons ne restaient pas inactifs et massacraient allègrement, sans distinction, soldats et civils qui avaient la malchance de se trouver sur leur chemin. Ils s'apprêtaient même à mettre le feu aux maisons du port quand le roi Alcée, en personne, et son frère Sthénélos accoururent, sans armes, les bras écartés, paumes des mains en avant, en signe de paix.

« Arrêtez-vous ! cria Alcée. C'est un affreux malentendu, une tragique méprise voulus, pour notre malheur, par quelque dieu mécontent... Les vigies du port ont pris votre galère de guerre pour un bateau pirate et se sont précipitées chez les fils de Minos pour donner l'alarme. Je m'engage, avec mon frère, à remplacer à votre bord, en tant qu'esclaves s'il le faut, vos deux marins assassinés. »

Après concertation avec ses compagnons, Hercule acquiesça en disant :

« C'est une honnête compensation. Montez à bord. Capitaine, nous larguons les amarres quand tu veux ! »

Hercule n'eut pas à regretter sa décision, car non seulement Alcée et Sthénélos se montrèrent des marins compétents, mais leurs connaissances des Amazones permirent au héros de compléter ses informations. Selon eux, elles vivaient bien sur la côte nord de l'Anatolie, réparties en trois tribus le long du fleuve Thermodon qui se jette dans la mer Noire. Elles avaient, dès les origines, créé une société de femmes dont les hommes étaient exclus, sauf quelques-uns cantonnés dans des tâches serviles, et elles avaient essayé d'étendre ce type de société à d'autres territoires, les armes à la main. Réduites maintenant à la défensive, elles n'avaient plus aucune raison de se montrer cruelles et agressives si on les laissait en paix. Dans le cas contraire, chacune valait cinq hommes au combat. Elles s'habillaient, à ce que raconta Sthénélos, avec beaucoup de recherche et de coquetterie dans la couleur et l'ornementation de leurs vêtements, même si ceux-ci avaient tous la même coupe et les mêmes éléments. En hiver, elles se couvraient, de la tête aux pieds, de fort élégantes peaux de panthères. Elles avaient pour les gouverner présentement trois sœurs : Hippolytè, Antiopè et Mélanippè. La première, qui était l'aînée et dont les deux autres subissaient l'ascendant, régnait sur la ville portuaire de Thémiscyra, à l'embouchure du fleuve. Hercule remercia les deux frères. Il savait désormais en quel point précis de la côte il devait débarquer.

Après avoir longé, toujours poussée par une brise égale et la poigne de ses rameurs, la côte égéenne d'Asie Mineure, en faisant des escales techniques aux îles de Chios, Lesbos et Lemnos, la galère franchit joyeusement l'Hellespont puis le Bosphore qui séparent l'Europe de l'Asie.

Hercule eut alors une pensée émue, quasi fraternelle, pour Io, jeune fille d'Argos qu'aima Zeus un jour, du côté de Lerne, après et avant d'autres mortelles, et qu'il crut malin de transformer en génisse pour la soustraire à la fureur jalouse d'Héra. Hélas ! la déesse finit par le savoir et dès lors s'acharna à tourmenter le malheureux animal, comme elle tourmentait Hercule. Désemparée, Io n'eut d'autre recours que de s'enfuir loin, toujours plus loin, jusqu'à traverser la mer à l'endroit qui s'appelle désormais, en souvenir d'elle, *Bosphore* : « passage de la Vache »...

Hercule et ses compagnons s'arrêtèrent une dernière fois à l'entrée de la mer Noire, pour saluer le roi Lycos de Paphlagonie et lui donner un coup de main musclé dans une querelle qui l'opposait à ses voisins les Bébryces pour une banale histoire de limites de propriété contestées par les deux parties. Hercule ne fut pas peu fier – et l'on fit la fête à bord – quand Lycos, pour le remercier, fonda une ville à son nom : Héracléia.

Enfin, un après-midi, par une chaleur accablante que dispensait avec largesse un Hélios souverain, *Le Cheval des mers* entra dans le port de Thémiscyra.

*
* *

Tous les compagnons d'Hercule, médusés, poussèrent le même sifflement d'étonnement et d'admiration. Sur la jetée, les quais, les ponts des bateaux déjà ancrés dans le port, les terrasses des maisons, se tenaient debout, immobiles et silencieuses, sans manifester le moindre sentiment, qu'il fût d'ennui, d'antipathie ou de joie, des centaines d'Amazones dont la plus jeune n'avait pas quinze ans et la plus âgée quarante. Toutes étaient étonnamment belles, d'une beauté altière, sculpturale, telles qu'apparaissaient aux hommes, quand elles le voulaient bien, Héra, Déméter, Artémis ou Athéna... Toutes étaient vêtues à la mode asiatique : pantalons collants et tuniques vaporeuses à manches, en soie colorée de tous les tons possibles de pastel, certains mouchetés, rayés, tachetés, semés de petites fleurs, d'étoiles ou autres figures géométriques. Leurs ceintures, leurs baudriers et leurs espadrilles étaient en cuir repoussé ou décoré d'incrustations d'or, d'argent, de perles ou d'ambre. La plupart étaient en outre casquées ou coiffées d'un bonnet phrygien, voire d'un turban blanc. Toutes – et c'est ce qui surprit le moins les compagnons d'Hercule – étaient armées : arc, lance, double hache, et tenaient à la main gauche un bouclier rond, ou en curieux croissant de lune.

« Bon sang, incroyable ! Pas un seul homme ! » murmura Iolaos.

Au centre de l'esplanade qui séparait les quais des premières maisons et notamment d'un vaste bâtiment rectangulaire à trois étages, de construction austère et toute militaire, une jeune femme athlétique, bronzée, ses cheveux noirs flottant librement sur ses épaules, vêtue d'un pantalon de soie bleu ciel et d'une tunique blanche pailletée d'or et d'argent, un poignard à lame courbe passé dans sa ceinture, attendait, comme les autres, immobile, mais les poings sur les hanches, avec, semblait-il, sur le visage, une moue amusée.

À côté d'elle, une suivante portait en bandoulière son arc et son carquois, et tenait dans ses mains son casque d'or et sa lance au fer orné de rubans. Une dizaine d'Amazones, à la carrure impressionnante, formaient, derrière elle, sa garde rapprochée.

Lorsque la galère d'Hercule fut amarrée, la jeune femme s'avança d'une démarche assurée, non exempte d'une certaine grâce étudiée, et avisant Hercule qui venait de sauter en souplesse sur le quai, elle lui dit d'un ton impersonnel :

« Cela fait plusieurs jours que je suis prévenue de ton arrivée, noble fils de Zeus et d'Alcmène. Est-ce bien ainsi que je dois t'appeler ? »

Ses yeux noirs en amande avaient un éclat métallique.

« Appelle-moi tout simplement Hercule, répondit le héros décontracté. Noble fille d'Arès et d'Aphrodite, reine des Amazones de Thémiscyra, est-ce bien ainsi que je dois moi-même t'appeler ?

— Appelle-moi tout simplement Hippolytè », dit-elle à son tour, et sa voix se fit soudain plus chaude et son regard moins froid.

Après s'être jaugés en silence, pendant de longues secondes, tous deux, sans doute satisfaits de leur examen, hochèrent la tête et se sourirent enfin. Si les autres Amazones semblèrent rester de marbre, cela fut en revanche un soulagement à bord du *Cheval des mers,* et les mains quittèrent la garde des épées.

« Tes compagnons et toi êtes les bienvenus en mon royaume, déclara Hippolytè, si vous ne venez pas vous mêler de nos affaires et si vous repartez... dans les plus brefs délais. Nous ne manquons pas plus que vous aux lois de l'hospitalité lorsque nos visiteurs obligés savent garder leurs distances. »

Télamon et Pélée se poussèrent du coude quand ils lurent une certaine déception sur les visages de Thésée et Iolaos.

« Vous pouvez vous restaurer, poursuivit Hippolytè, vous rafraîchir, visiter la ville, vous fournir en accastillage, que sais-je encore ? dans nos magasins. Ce soir, j'organise, dans mon palais que vous voyez devant vous, un souper qui, messieurs, sera... frugal, en l'honneur de mes sœurs Antiopè et Mélanippè. Si vous voulez vous joindre à nous ?... »

Hercule, pour éviter toute complication, allait décliner l'offre, au grand désappointement, il le savait, de ses compagnons, quand soudain son regard se posa sur la ceinture d'Hippolytè, très différente de celle de ses compagnes : une large bande de soie bleu ciel comme le pantalon, galonnée d'or et décorée de minuscules croissants de lune en argent.

« Très volontiers, dit-il enfin en déglutissant avec difficulté. Je viens de faire un si long chemin sur la mer fantasque... avec l'intention de te voir et te parler.

— J'espère que tu n'es pas trop déçu du spectacle ? fit-elle sans sourire. Pour ta gouverne et celle de tes hommes qui nous déshabillent du regard depuis qu'ils sont entrés dans le port, sache que, contrairement aux racontars stupides et calomnieux qui courent sur nous comme sur tous ceux qui, dans le monde, marquent leur différence, nous avons toutes, ainsi qu'il est facile de le constater, même de loin, deux seins, petits ou gros, pointus ou ronds, mais toujours très fermes, merci ! »

Ainsi parla sans détour la reine des Amazones, tandis qu'Hercule et ses amis, gênés, baissaient la tête. Puis Hippolytè, prenant brusquement des mains de sa suivante son arc et une flèche, tira presque sans viser sur la hune du *Cheval des mers* distante de cinquante mètres, et la traversa de part en part. « Heureusement que j'en suis descendu à temps, pensa Thésée. Bougre de bonne femme ! »

« Vous voyez, dit alors Hippolytè, point n'est besoin de se mutiler pour tirer convenablement à l'arc ! »

Elle s'apprêtait à tourner le dos à Hercule, sans autres commentaires, pas mécontente de l'effet qu'avait produit son petit numéro, quand elle se ravisa et lui lança, goguenarde :

« Hercule, tu devrais par cette chaleur enlever ta peau de lion. Regarde-toi dans un miroir, tu es tout cramoisi ! »

*
* *

Hercule et ses compagnons avaient surtout besoin de faire un brin de toilette et de se délasser. Aussi effectuèrent-ils un séjour prolongé aux thermes de la ville. Ils s'y baignèrent, le plus naturellement du monde, en compagnie de quelques Amazones indifférentes, en apparence, à leur réciproque nudité. Quoique Thésée, qui prenait toujours ses désirs pour des réalités, crût discerner dans leur regard une lueur de convoitise et que Iolaos, qui ne voulait pas être en reste, affirmât que l'une d'elles avait rougi lorsqu'il l'avait frôlée dans l'eau.

« Et alors, petits farceurs, s'exclama Hercule, vous avez vu tout cela malgré l'épais nuage de vapeur qui nous environnait ? »

Thésée et Iolaos haussèrent les épaules, pendant que les autres s'esclaffaient.

Cela dit, tous attendirent le soir avec la même impatience et la même curiosité, et, au moment où ils allaient s'élancer, comme un seul homme, vers le palais, Hercule dut les mettre en garde :

« Je veux que vous ayez chacun une arme. Toi, Iolaos, prends quelques hommes et restez à bord jusqu'à ce que je vienne moi-même vous relever. On ne sait jamais ! »

Tous obéirent sans rouspéter. Les paroles d'Hercule étaient la sagesse même.

*
* *

Bien qu'essentiellement à base de poisson fumé ou bouilli avec des aromates, de laitages, de pâtisseries et de fruits, le souper fut délicieux. Les compagnons d'Hercule y firent d'autant plus honneur qu'Hippolytè eut le bon goût de leur faire servir plusieurs amphores de vin alors qu'elle-même et ses compagnes, et singulièrement Hercule, à l'étonnement de ses amis, ne buvaient que de l'eau claire. Le héros voulait garder la tête froide car il ne savait pas encore comment s'y prendre pour aborder avec la reine la délicate question de la ceinture. Tout au long du repas, chaque fois qu'Hippolytè, allongée sur un lit à côté du sien, essayait de lui faire dire le but de sa visite, il s'en tirait par une plaisanterie ou affirmait qu'il était encore trop tôt pour parler affaires.

Ses compagnons, refrénant louablement leurs instincts, se montraient, à l'égard de leurs commensales, d'une galanterie extrême et ne tarissaient pas d'éloges sur leurs vertus guerrières et leurs idées féministes. Les Amazones, enfin en confiance, commencèrent à se dire qu'elles étaient des femmes qu'une nature généreuse avait dotées de charmes certains, et que leurs hôtes, si courtois, si prévenants, et surtout si virils, n'en manquaient pas non plus.

On vit bientôt Antiopè s'abandonner presque totalement entre les bras d'un Thésée qui se voulait patient et méthodique, et Mélanippè en personne, pourtant la plus réservée, ne protesta pas quand Pélée et Télamon se serrèrent contre elle sur le même lit. Suivant cet exemple, qui venait de haut, tout l'équipage, capitaine en tête, s'employa alors à vérifier la souplesse et la délicatesse des étoffes qui revêtaient encore les belles Amazones dont les cœurs battaient, cette fois, la charge.

Hippolytè se leva langoureusement et dit à Hercule en lui prenant la main :

« Et si tu me faisais visiter, à la belle étoile, ton navire ? »

*
* *

Lorsque Hercule et Hippolytè montèrent sur le pont, Iolaos tapa sur l'épaule de son oncle et, en lui faisant un clin d'œil complice, lui murmura :

« Bonne nuit, mon oncle. Le gaillard d'arrière est le plus confortable. Le sol en est garni d'un tapis de haute laine ! »

Puis il sauta sur le quai avec ses marins pour courir à son tour vers le palais, avant qu'Hercule ait pu lui botter les fesses.

Le héros regardait, muet de désir, la reine des Amazones adossée au bordé. La Lune jetait dans ses yeux noirs, de même que sur la surface immobile de l'eau, des éclats d'argent. Sans lui lâcher la main, comme pour l'encourager, Hippolytè lui dit d'une voix grave :

« Si tu m'avouais, maintenant que nous sommes seuls, la vraie raison de ta présence ici ? »

Alors, tout d'une traite, la voix parfois brisée par l'émotion, il lui raconta la vengeance d'Héra, sa folie meurtrière, les travaux auxquels il était condamné et, pour finir, l'étrange désir d'Eurysthée.

Elle l'écouta sans l'interrompre et, quand il poussa un ultime soupir avant de redevenir silencieux, elle lui déclara, sans hésiter, d'une voix plus dure pourtant :

« Je n'ai rien contre l'idée de te céder ma ceinture, encore que je la trouve déplacée de la part de ton commanditaire. L'Amazone qui voudrait prendre à ma place la tête de notre communauté n'est pas encore née ! Et même, j'aurais encore la ressource de demander une autre ceinture à Arès, notre père, qui ne me refuse rien. J'y mets toutefois une condition.

— Je l'accepte d'avance, lança imprudemment Hercule.

— Alors tu l'auras voulu ! répliqua-t-elle mutine. Cette ceinture fantastique, il te faut la gagner de haute lutte. Voyons donc si tu es aussi fort au corps à corps amoureux qu'au corps à corps guerrier. Je te défie en champ clos.

— Je connais un endroit qui conviendra parfaitement », dit-il résolu, et il l'entraîna vers l'arrière du navire.

*
* *

Quand les lèvres d'Hercule se posèrent sur ses seins, Hippolytè ne réagit pas. Quand ses mains voulurent faire glisser sous elle son pantalon de soie bleu ciel, Hippolytè ne l'aida pas. Le héros comprit alors que ce ne serait pas facile.

Ce n'est qu'au troisième assaut que leurs corps, souffles mêlés, vibrèrent enfin à l'unisson. Alors qu'Hippolytè, haletante, s'abattait sur sa poitrine, il osa lui demander d'une petite voix humble :

« Ai-je, cette fois, mérité ta ceinture, ma cavale indomptable ?

— Elle est à toi, lui répondit-elle en l'embrassant, depuis l'instant où j'ai accepté que tu la dénoues. »

Lorsque l'irrésistible Sommeil les surprit enfin, il enveloppa leurs deux corps d'un voile épais et sombre, dont il avait chassé les Songes.

*
* *

Héra, allongée dans l'Olympe, au côté d'un époux ronflant comme les forges de leur fils Héphaïstos, se rongeait les ongles de dépit. Hercule, une fois de plus, allait-il l'emporter ? Cette idée lui devint tellement insupportable que, se levant sans faire de bruit, la déesse plongea vers Thémiscyra sans attendre le jour, et prenant l'aspect d'une des Amazones chargées de veiller, la nuit, à la sécurité du port, elle courut vers le palais.

« Puisque les Amazones sont si inflammables, profitons-en ! » murmura-t-elle, et frappant à toutes les portes des chambres, elle cria, affolée :

« Mes sœurs, aux armes ! Hercule séquestre notre reine sur son bateau et attend l'aube pour l'enlever... »

Repartant alors en sens inverse vers la jetée, elle cria, cette fois en direction du *Cheval des mers* :

« Hippolytè, notre reine, réveille-toi ! Ces soudards, compagnons d'Hercule, violentent et assassinent nos sœurs ! »

Quand elle vit Hippolytè sortir, hagarde, sur le pont, le poignard en main, et s'efforçant de rassembler ses vêtements, Héra regagna sa couche dans l'Olympe et, amoureusement, se blottit, satisfaite, contre son royal époux.

Aussitôt, dans une confusion et un désordre indescriptibles, les Amazones repoussèrent du pied leurs amants d'une nuit et, à moitié nues, bondirent, en armes, sur l'esplanade. Les malheureux compagnons d'Hercule, hébétés, s'interrogeant les uns les autres, s'habillèrent à la hâte, et, à leur tour, se répandirent dans les ruelles pour rejoindre leur navire. Avant qu'ils aient pu comprendre ce qui leur arrivait, les Amazones se mirent à les poursuivre, aux cris de : « Tue ! Tue ! »

Alors qu'une aube grise commençait à glisser au loin sur la mer et que Sélénè, effrayée par l'audace d'Héra, s'était dissimulée derrière un nuage, Amazones et compagnons d'Hercule s'entretuaient, le souffle court et la rage au ventre.

Hippolytè se jeta dans la mêlée pour interdire l'accès du navire aux marins qui tentaient de se frayer un passage dans les rangs compacts de ses sujettes. Les premiers qui atteignirent le bord hurlèrent :

« Hercule, à nous ! Cette nuit était un guet-apens ! »

Le héros entendit les appels de ses compagnons, les cris de mort des Amazones et le cliquetis des armes, comme dans un brouillard opaque. Tâtant le sol autour de lui, il vit qu'Hippolytè et sa ceinture avaient disparu. Il se leva et, en titubant, s'habilla tant bien que mal. Il jura quand il ne put trouver sa massue dans l'obscurité, et courut sur le pont, l'épée à la main.

« Je suis là, camarades ! beugla-t-il. Tous à bord ! Hardi, mes braves ! »

Une quinzaine d'hommes, à peu près indemnes,

avec Iolaos à leur tête, étaient déjà assis aux bancs des rameurs, s'efforçant, boucliers levés, d'éviter les flèches et les javelots qui tombaient sur le pont, fort heureusement sans précision.

Hercule vit arriver Pélée soutenant son frère blessé à la cuisse, puis Thésée, que quelques camarades protégeaient, et qui ployait sous le poids d'un paquet qu'il portait sur l'épaule. Le capitaine et son barreur, en faisant d'efficaces moulinets, les suivaient dans la foulée. Enfin, à l'autre bout de la place, il vit Alcée, Sthénélos, et ce qui restait de l'équipage, incapables, malgré leur vaillance, de progresser jusqu'au bateau. Hercule bondit au milieu des Amazones et son épée fut bientôt rouge de leur sang.

Sélénè, malgré elle, fut abandonnée par son nuage et l'Aurore, de grise, passa au jaune. Chacun y voyait enfin plus clair. Les combattants des deux camps assurèrent mieux leurs coups, et les compagnons d'Hercule, remis de leur surprise initiale, purent alors déployer leur force et leur habileté incomparables. Pour un marin qui tombait, dix Amazones s'effondraient sans vie. Hercule se trouva soudain en face d'un démon femelle qui venait d'envoyer, d'un coup de poignard précis, un marin chez Hadès.

« Hippolytè, traîtresse ! hurla-t-il. Es-tu devenue folle ?

— Sale lâche ! lui répondit-elle. Ce sont tes soudards ivres qui, les premiers, ont attaqué mes sœurs ! »

Et elle se précipita sur lui, coutelas levé. Hercule, instinctivement, tendit son bras, et la reine des Amazones vint s'empaler sans un cri sur la lame de son épée. Puis elle glissa, morte, sur le sol, avec, dans ses yeux noirs, une ultime lueur d'incrédulité qu'il n'oublierait jamais de sa vie. Il se baissa, détacha de la taille de la reine la ceinture tachée de sang, et rejoignit Alcée, Sthénélos et les marins survivants. Les Amazones, frappées de stupeur par la mort de leur reine, marquèrent un temps d'arrêt qu'ils mirent à profit pour regagner le navire.

Les rescapés prirent les rames et hissèrent la voile avec une discipline parfaite. Quand ils furent suffisamment éloignés de la jetée et qu'ils se comptèrent, neuf marins manquaient à l'appel et une dizaine d'autres étaient plus ou moins blessés. Tous avaient des égratignures et du sang sur les mains.

Voyant le paquet de Thésée agité de soubresauts, Iolaos lui demanda :

« Ami, que rapportes-tu comme souvenir vivant, puisqu'il semble que tu aies eu le temps d'en acheter un ? »

Thésée, tout en ouvrant ce qui ressemblait à un sac, répondit avec une désarmante franchise :

« Je n'ai jamais rien acheté. J'ai pris... ce qui me plaisait par-dessus tout et que j'avais justement sous la main quand le ciel nous est tombé sur la tête. »

Aux yeux stupéfaits de tous ses compagnons apparut alors, aussi nue qu'Aphrodite à sa naissance, quand elle sortit de l'onde, Antiopè, la sœur d'Hippolytè, bâillonnée et les mains attachées, feulant à travers le chiffon qui lui barrait la bouche et ses yeux lançant des éclairs d'acier.

« Vous en avez assez vu », dit Thésée, et sortant de son balluchon une tunique propre, il en revêtit, avec une grande douceur, la jeune femme.

Hercule, qui, depuis qu'ils avaient appareillé, n'avait pas desserré les dents, enfermé dans sa douleur, debout à l'arrière du bateau, tourné vers le rivage, commenta sombrement :

« Enfant, tu as fait la plus grande sottise de ta jeune vie. Dès qu'elle en aura les moyens, Mélanippè, si elle est toujours de ce monde, se lancera à ta poursuite, et viendra te demander des comptes, jusqu'au pied de l'Acropole... »

*
* *

Le voyage de retour fut long et morose sur une mer houleuse. Le cheval blanc de Poséidon caracolait, indifférent, à la proue du navire, plongeant dans la vague et en ressortant avec régularité, ourlé d'écume. Hercule ne secoua sa torpeur qu'arrivé à l'île de Thasos. Il en chassa les Thraces qui l'occupaient pour en faire cadeau à Alcée et Sthénélos. Puis, la mine encore douloureuse, lui qui avait, au cours de ses aventures, toujours regardé de l'avant, continua de regarder derrière lui le sillage du navire, et ses compagnons, jusqu'au bout, respectèrent son chagrin.

Au fil des jours, les yeux d'Antiopè lançaient moins d'éclairs quand ils rencontraient ceux, rieurs et insouciants, de Thésée. Hélios et Sélénè continuaient à se poursuivre dans le ciel. Les raisins étaient mûrs dans les vignes d'Argolide quand *Le Cheval des mers* accosta à Nauplie.

*
* *

Lorsque Hercule entra sur la terrasse, Eurysthée se précipita à sa rencontre, une main tremblante de fébrilité tendue vers lui.

« Ah ! fils de Zeus, enfin ! s'écria-t-il. As-tu l'objet ?

— Je te remercie, mon cousin, de ta sollicitude, lui répondit Hercule. J'ai en effet fait bon voyage, à l'aller comme au retour. Les vents me furent favorables. Poséidon écuma de fureur ailleurs que sur ma route. Je n'ai pas rencontré de pirates et les Amazones sont des femmes aux mœurs exquises. J'ai...

— Excuse-moi, noble héros, l'interrompit Eurysthée, je suis si impatient ! »

Hercule entrouvrit sa peau de lion, dégrafa sa cuirasse et en retira lentement, comme à regret, la ceinture d'Hippolytè. Eurysthée s'en saisit comme un rapace, puis la tint un moment, incrédule, du bout des doigts en plissant les lèvres de dégoût.

« Qu'est-ce que c'est que ce torchon, sale et fripé ? demanda-t-il inquiet.

— La ceinture de la reine des Amazones, tachée de son sang, répondit Hercule, sinistre.

— Mais je ne puis offrir cette chose à ma fille. C'est répugnant ! s'exclama Eurysthée, offusqué.

— Il le faudra bien, pourtant, murmura Hercule d'une voix glacée comme la lame de son épée. Si jamais j'apprends que tu l'as donnée à laver, c'est dans ton propre sang que je la plongerai ! »

En retraversant l'antichambre, Hercule érafla de sa massue les portraits à fresque d'Eurysthée qui en ornaient le mur, et le petit roi, qui le suivait à bonne distance, haussa les épaules et siffla entre ses dents : « Voyou ! »

10

Hercule et les bœufs de Géryon

« Comment ça, il ne veut pas y aller ? » s'exclama Eurysthée incrédule.

Coprée n'était pas mécontent de rapporter une mauvaise nouvelle à son maître, mais il fit semblant de compatir.

« J'ai pourtant tout essayé pour le convaincre, ô mon roi, dit-il en soupirant et en levant les bras au ciel en signe d'impuissance. Mais il prétend que voler un troupeau d'animaux paisibles à quelqu'un qui ne lui a rien fait est contraire à ses principes.

— Le voilà bien légaliste et délicat tout d'un coup, s'étonna Eurysthée.

— Hercule a même ajouté, continua Coprée en baissant la voix : “Dis à ton maître d’aller se faire...”

— Bon, bon, ça va, Coprée ! l’interrompit Eurysthée en le menaçant de la main. Ne fais pas le malin avec moi... »

Coprée prit un air penaud et renifla.

« Tu vas retourner le voir, lui ordonna Eurysthée après un temps de réflexion, et lui répéter ceci mot pour mot : “Sa Majesté Eurysthée, roi de Mycènes, etc., s’engage, sur l’honneur, à ne point garder pour lui ce troupeau, mais à l’offrir intégralement à Héra, en précisant à la déesse qu’elle ne doit ce cadeau qu’à la bonne volonté et au courage de son cher cousin Hercule qui n’a jamais renoncé à mettre sa vie en danger pour lui complaire.” Ajoute que j’userai de mon influence, qui est grande auprès de la déesse, pour qu’elle adoucisse sa rancœur à son endroit... Tu as bien tout enregistré, face d’ahuri ?

— Oui, maître astucieux, répondit Coprée en s’inclinant.

— Va et ne reparais devant moi que si ta mission est couronnée de succès. Sinon... »

Coprée fit sans se presser le chemin qui séparait l’acropole de Tirynthe de Nauplie. Une lieue, c’est plus qu’il n’en faut à un esprit retors pour gamberger à bon escient, à condition de ne pas s’asphyxier le cerveau en courant.

Assis sur le port, Hercule jouait aux dés une tournée d'hydromel fermenté avec deux marins du Pirée en attente d'embarquement, quand il vit s'approcher un Coprée hésitant.

« Qu'est-ce que cette bouche d'égout, que j'ai envoyée promener il y a trois heures à peine, a encore à me dire ? soupira-t-il sous l'œil narquois de ses camarades de jeu, et il lança à terre ses trois dés... Par Hermès, voyez vous-mêmes, les gars ! s'écria-t-il quand les dés se furent arrêtés. Trois fois six, "le coup d'Aphrodite". La chance m'arrive enfin en même temps que toi, Coprée. C'est un signe. Je t'écoute.

— J'en suis bien aise, noble Hercule, car ce que mon maître m'oblige à venir te dire, sous peine de m'envoyer casser des cailloux dans les carrières de Mycènes, risque de ne pas te plaire, avoua Coprée d'un air embarrassé.

— J'imagine qu'Eurysthée, vexé de mon refus, m'ordonne de lui obéir sous peine de sanctions disciplinaires ? suggéra Hercule en riant. Hélas pour lui ! lorsque j'ai dit non, c'est non. Qu'il me trouve un travail plus honnête !

— Ce n'est pas cela du tout, fils d'Alcmène, murmura Coprée. Voici, mot pour mot, ses paroles, hélas ! bien terribles : "Va dire à mon minable cousin que ce n'est pas par scrupule qu'il refuse d'aller chez Géryon 'le Hurleur'. C'est parce qu'il a tout simplement la trouille. La trouille de voyager jusqu'au bout du monde, là où Hélios se couche et où personne n'a jamais mis les pieds, où ce n'est pas le minois d'une Amazone qu'il rencontrera mais un Géant à trois têtes, frère d'Échidna 'la Vipère', qui ne fera de lui qu'une bouchée, à moins que son chien Orthros ne s'en soit déjà régalé. Hercule n'aime faire un martial bruit de bottes que lorsqu'il vient chez moi, parce qu'il est un lâche doublé d'un pétochard !" »

Plus Coprée distillait son discours, plus le visage d'Hercule passait du pâle au rouge brique. Une irrépressible colère allait bientôt l'emporter.

« Et il a ajouté, poursuivait imperturbable le messager du roi : "Ça, le fils de Zeus ! Laisse-moi rire, mon bon Coprée !" »

Hercule, lâchant brutalement ses dés qui roulèrent sur le sol, se leva d'un bond et hurla, si fort que toute vie s'arrêta sur le port et que Coprée, qui pourtant s'y attendait, faillit tomber à la mer. Les deux marins qui, eux, ne s'y attendaient pas basculèrent en arrière sur un tas de cordages.

« Ah ! je ne suis pas le fils de mon divin père ! Ah ! je suis un lâche ! Ah ! j'ai peur d'un vulgaire monstre, moi qui en ai déjà une demi-douzaine à mon tableau de chasse ! C'est ce que vous allez tous voir, vous et cet avorton d'Eurysthée. Dès demain je pars pour le grand Océan ! »

Et à grandes enjambées furieuses qui firent immédiatement le vide devant lui, Hercule se dirigea, dans une volée d'imprécations, vers son auberge favorite. Coprée, un sourire satisfait aux lèvres, ramassa les dés et les lança : trois fois un, « le coup du chien »... Il cessa de sourire et se demanda s'il n'aurait pas mieux fait de s'en tenir aux arguments d'Eurysthée...

*
* *

Hercule avait décidé de longer, par la Libye et l'Afrique du Nord, la Méditerranée jusqu'à l'endroit, quelque lointain qu'il soit, où elle devait rencontrer les eaux du grand-père de Poséidon, le vieil Océan, dieu des Fleuves et de tout le Monde inconnu. Debout sur son char, les rênes bien en main, le héros avançait au rythme extraordinaire de ses deux chevaux blancs, veillant à ne jamais dévier vers l'intérieur des terres, contrées inconnues peuplées à coup sûr d'indigènes sauvages prêts à Héra sait quoi ! Il ne s'arrêtait que pour chasser et se nourrir, et quand la Nuit hostile s'emparait du Ciel et de la Terre.

Hercule avait réussi à glaner quelques informations où, malheureusement, le merveilleux se mêlait à la réalité de façon inextricable ! Le Géant Géryon régnait sur Tartessos, à l'embouchure d'un fleuve qui avait nom Bétis, et que nous connaissons maintenant sous celui de Guadalquivir. Cette extrémité sud de la péninsule Ibérique s'appelait tout naturellement la Bétique. Elle recouvrait à peu près notre actuelle Andalousie. Pour plus de sûreté, Géryon avait installé son immense troupeau – dont Hercule se demandait en quoi il pouvait bien consister pour susciter ainsi la convoitise d'Eurysthée – à proximité de Tartessos, dans une île appelée Érythie, « la Rouge », parce que c'est derrière elle que le disque du Soleil, tous les soirs, disparaissait sur l'Océan. Certains affirment que le port de Cadix, autrefois Gadès, occupe précisément son emplacement. Allez savoir !

Un après-midi de chaleur particulièrement intense, alors qu'il cherchait en vain, pour ses chevaux et pour lui-même, un point d'eau fraîche, Hercule crut entendre, au-dessus de lui, Hélios ricaner dans le ciel. « J'hallucine, se dit le héros, ou le père étincelant d'Augias se moque de moi ! » Et il l'interpella en ces termes :

« Dis donc, fils d'Hypérion, quand cesseras-tu de m'accabler depuis ton char de feu ? Rayons pour rayons, je pourrais bien te faire tâter de quelques-unes de mes flèches !... Tu ne daignes pas me répondre, petit-fils du Ciel et de la Terre ? Tiens, prends ça ! »

Et Hercule de pointer son arc en direction de l'astre du jour, d'en bander la corde au maximum et de lâcher une flèche sans hésiter.

« Aïe ! entendit-il aussitôt. Es-tu devenu fou, fils d'Alcmène ? Tu as failli me blesser ! Marche à l'ombre si tu ne peux me supporter ou emprunte le pétase d'Hermès. Mon métier est d'éclairer et de réchauffer ma mère la Terre et je le fais du mieux que je peux, et même avec beaucoup de brillant, me semble-t-il... Qu'as-tu contre les bons ouvriers ? »

Hercule, un peu confus de s'être laissé emporter, crut devoir se justifier :

« Excuse-moi, grand frère de l'Aurore et de Sélénè, mais dans quelques heures toi et tes chevaux pourrez vous rafraîchir dans le généreux Océan, alors que mes chevaux et moi, morts de fatigue et de soif, nous serons encore loin de notre but.

— Il n'est pas dit que je ne viendrai pas en aide à l'un des fils de Zeus, répondit Hélios bon prince. Regarde. Je te prête la coupe profonde dans laquelle je fais, sur Océan, le tour de la Terre en une nuit. Monte à bord, elle te conduira là où tu veux aller. Mais à ton arrivée à Tartessos, rends-la-moi, s'il te plaît. »

Apparut alors sur la mer une immense coupe d'or

dans laquelle Hercule prit place avec son attelage, et la coupe se mit à suivre, en longeant la côte, le Soleil dans le ciel. Une heure plus tard, Hercule aperçut une terre, sur la droite. Il ne douta pas un instant qu'il s'agissait de la Bétique et qu'il était enfin arrivé à l'endroit où la Méditerranée, domaine de Poséidon, mêlait ses eaux à celles, ô combien plus mystérieuses et inquiétantes, d'Océan. On raconte – on ne prête qu'aux riches ! – que, trouvant la Bétique, sur sa droite, trop éloignée de la côte africaine à sa gauche, Hercule entreprit de rétrécir le passage et d'édifier, de chaque côté, une immense colonne de pierre, comme avaient l'habitude d'en dresser les Phéniciens, ces grands découvreurs de la Méditerranée, lorsqu'ils créaient une colonie nouvelle. Peut-être y grava-t-il, comme eux, son nom, la date de son travail et ses motivations ? Toujours est-il que, de nos jours encore, reste le souvenir de ces Colonnes d'Hercule. L'une serait le rocher de Calpé, autrement dit Gibraltar, et l'autre le promontoire d'Abyla, autrement dit Ceuta, sur la côte nord marocaine.

Dès que, laissant derrière lui les deux colonnes témoins de son exploit, Hercule eut commencé à chevaucher le profond Océan, celui-ci, resté gamin malgré son grand âge, crut devoir s'amuser à secouer avec violence, dans tous les sens, la coupe d'Hélios. Mais il suffit qu'Hercule lui fît les gros yeux en lui montrant son arc et son carquois pour qu'Océan, confus, cessât de plaisanter et redevînt sage comme une image.

*
* *

Séparée de la côte bétique par un étroit chenal, apparut enfin une île, plate et couverte de grasses prairies. Deux cents bovins au moins, à l'œil glauque et au mufle humide, y paissaient paisiblement : quelques taureaux, des vaches aussi, avec leur progéniture, mais surtout des dizaines de grands bœufs roux, d'une robustesse extraordinaire, taillés pour tirer les plus lourds charrois, bref, une fortune pour leur propriétaire.

« Avec de telles bêtes, cette île ne peut être qu'Érythie, se dit Hercule. Comment s'appelle déjà le bouvier qui veille là-dessus ? Ah oui, Eurytion ! Enfin, méfions-nous surtout du chien Orthros. »

Et comme il sautait sur le sable de la plage, Hercule vit sortir du milieu du troupeau et se diriger vers lui un gaillard dégingandé, vêtu d'une peau de mouton trop courte, bronzé par les embruns, les cheveux noirs et crépus, qui brailla dans sa direction en agitant un long et redoutable aiguillon :

« Inutile de débarquer, étranger. Cette île est une propriété privée !

— Je le sais, accueillant Eurytion, dit le héros sans se démonter. Je viens prendre livraison du troupeau dont tu as la garde. Non pour mon compte, mais pour celui du roi Eurysthée.

— Connais pas ! fit le bouvier d'un ton rogue. As-tu la facture signée de mon maître, qui prouve que tu as acheté ces bêtes ?

— Bien sûr, gardien à la face de bouse, répondit Hercule avec aplomb. Lis ceci, si tu sais lire. »

Et comme Eurytion se penchait vers lui, il lui assena un tel coup de massue qu'il enfonça le malheureux dans le sable, aussi facilement que s'il se fût agi d'un piquet de clôture. Seul ne dépassait plus qu'un toupet de cheveux frisés qu'Hercule s'apprêtait à faire disparaître du talon, quand d'effroyables abois lui parvinrent de l'extrémité de l'île. Les bœufs s'écartèrent en meuglant. Orthros, gueule de chien écumante sur un corps de serpent visqueux, accourait ventre à terre au secours de son maître.

« Tu arrives trop tard, lui dit Hercule sans s'émouvoir. Et flaire un peu la peau du lion que j'ai sur le dos. C'est celle de ton fils, le lion de Némée. »

Et comme Orthros, gémissant soudain et la larme à l'œil, s'approchait en rampant pour vérifier une aussi stupéfiante assertion, le héros, d'un revers de massue imparable, l'envoya rejoindre Eurytion dans le sable.

Cette courte scène à trois personnages avait malheureusement eu un autre spectateur que les indolents ruminants de Géryon. Un berger qui, sur le continent tout proche, surveillait l'un des nombreux troupeaux du dieu des Enfers courut, à une vitesse phénoménale, jusqu'à Tartessos prévenir Géryon. Le stimulant de la délation peut donner des ailes à qui n'en a pas naturellement...

*
* *

Persuadé qu'il avait rondement mené son affaire, Hercule, sans se presser, embarquait un à un les bœufs de Géryon dans la coupe d'Hélios pour les transborder sur la côte bétique, quand une ombre immense recouvrit soudain la plage. Le héros se retourna. Géryon se tenait à une vingtaine de mètres de lui, jambes écartées, ses six poings sur ses deux hanches. Haut comme une maison de trois étages, il avait trois têtes emmanchées de longs cous plantés sur trois troncs.

« Digne petit-fils de Méduse ! songea Hercule. On ne peut pas dire que sa pauvre mère Callirhoè, fille d'Océan, l'ait raté ! »

« Ne te gêne surtout pas ! cria la première tête. Tu veux un coup de main ? demanda la deuxième. Tu ne manques pas de culot ! constata la troisième.

— Ne parlez pas toutes en même temps, intervint

Hercule, si vous voulez que je comprenne ce que vous me dites. »

Et tout en décrochant son arc de son épaule, il se mit à tourner autour de Géryon à toute allure. Les trois têtes, en s'enroulant sur elles-mêmes, le suivirent des yeux. « À quel jeu ce nain joue-t-il ? » semblaient-elles se demander.

Héra, marchant de long en large dans l'Olympe, s'intéressait de nouveau à Hercule depuis qu'elle avait vu cet idiot d'Hélios lui confier sa coupe d'or et ce vieux gâteux d'Océan incapable de le faire sombrer. Aussi décida-t-elle de prendre l'apparence d'un des serviteurs de Géryon pour venir prêter main-forte au Géant dont elle subodorait l'excès de confiance. Elle arriva sur la plage au moment où Hercule, ayant enfin dans sa ligne de mire les trois têtes en enfilade, lâchait la corde de son arc. La flèche, comme guidée d'une main sûre, traversa les trois cous et vint finir sa course sur la cuisse d'Héra.

Géryon s'effondra raide mort dans un horrible gargouillis et Héra s'enfuit en boitillant avant de prendre son envol pour l'Olympe. Hercule s'étonna de voir le serviteur de Géryon disparaître aussi vite, mais, en haussant les épaules, retourna à ses occupations interrompues de chargement.

Le soir tombait quand il aborda sur le continent. Il fit descendre le troupeau de la coupe, renvoya celle-ci à Hélios qui l'attendait près de l'horizon, en lui adressant, de la main, un chaleureux signe de remerciement.

Héra eut bien du mal à cacher sa blessure à son époux qui ne comprit pas pourquoi, cette nuit-là, elle refusa de partager sa couche. Jusqu'au lendemain, elle maudit Hercule, alternant jérémiades et menaces :

« Fils d'Alcmène, tu m'as défigurée ! Ton voyage de retour sera un enfer comme n'en connaissent pas les âmes des damnés ! Aïe, je vais boiter pour l'éternité ! Tu ne reverras jamais Tirynthe, je le jure sur moi-même ! »

*
* *

Hercule savait qu'en longeant la côte nord de la Méditerranée il finirait, tôt ou tard, par regagner la Grèce et le Péloponnèse. Il n'avait pas trouvé de meilleure solution, pour ramener son troupeau à Eurysthée, que de jouer seul les bouviers sur un millier de lieues, sans que son char pût aller plus vite que le pas lent et pesant de ses bœufs. Jusqu'aux Pyrénées, il ne perdit que quelques animaux, emportés la nuit par des fauves, ou par des indigènes qui n'avaient nul besoin d'être excités par Héra pour voler du bétail. Il en fut tout autrement lorsque, parcourant le Sud de la Gaule, il eut franchi le Rhône.

Dans cette région, qui de nos jours s'étend de la Camargue à la frontière italienne, vivaient les belliqueux Ligures, pirates sur mer et pillards sur terre. Ils avaient pour roi Ligys, qu'assistaient ses deux frères Alébion et Dercynos, tous fils de Poséidon, à ce qu'ils prétendaient. Quand Héra les eut discrètement prévenus de l'entrée, sur leur territoire, d'Hercule et de son alléchant troupeau, les Ligures se portèrent avec convoitise à leur rencontre. Le héros s'était arrêté dans une vaste plaine, recouverte d'herbe tendre, lorsque les Ligures, par centaines, se précipitèrent sur lui en poussant des hurlements à vous glacer les sangs. Les bœufs, effrayés, s'enfuirent dans toutes les directions. La première flèche d'Hercule abattit Alébion. La deuxième abattit Dercynos. La troisième flèche resta dans son carquois. Les Ligures étaient maintenant trop près. Hercule descendit de son char qu'il ne pouvait plus manœuvrer et fit face, sa massue dans une main et son épée dans l'autre. Une heure plus tard, le bouillant fils d'Alcmène s'était constitué, autour de lui, un rempart de cadavres. Ligys ordonna à ses troupes un repli stratégique, le temps de réfléchir au moyen d'en finir avec son adversaire et de venger ainsi ses deux frères.

Hercule, ivre de fatigue, perdant son sang par mille blessures, avait mis un genou à terre. Haletant, la vue brouillée, il sentit soudain le désespoir l'envahir pour la première fois de sa vie. Le héros invincible, secoué de sanglots nerveux, versa alors un torrent de larmes amères. Regardant vers le ciel, il adressa cette ultime prière à Zeus son père :

« N'ai-je donc tant vécu, mon divin père, que pour finir sous la lame d'un peuple de sauvages ? Ne vas-tu pas venir en aide au fils de celle que tu aimas naguère ? Laisseras-tu ta jalouse épouse se moquer de ton autorité en s'acharnant, contre ton gré, à vouloir ma perte ? »

Assis dans l'Olympe, le redoutable fils de Cronos, Zeus tonnant, entendit cet appel de détresse et en fut ému au tréfonds de lui-même. S'adressant à Héra qui murmurait derrière son dos, il dit fort irrité :

« Cruelle, en quoi le fils d'Alcmène t'a-t-il fait du mal ? Méfie-toi que la rage que tu éprouves contre Hercule ne devienne pas, entre nous, un terrible sujet de discorde ! »

Et comme elle n'osait lui répondre, effrayée de sa colère, il ordonna au ciel de se couvrir d'un lourd nuage d'orage qu'il creva de son foudre. Une violente pluie de cailloux s'abattit sur les Ligures qui encerclaient son fils et les ensevelit en un instant.

Après avoir remercié son père, Hercule, réconforté, rassembla comme il put ses bêtes échappées.

La moitié de son troupeau avait définitivement disparu.

De nos jours encore, chacun peut voir, entre les Alpilles et l'étang de Berre, une morne plaine pierreuse que l'on appelle la Crau. Les cailloux qui la recouvrent désormais sont bel et bien ceux que Zeus, l'assembleur de nuées, fit tomber du ciel, il y a de cela bien des lunes...

*
* *

Lorsque Hercule, descendant le long de la côte italienne, arriva à l'embouchure du Tibre, ou plutôt, comme il s'appelait alors, de l'Albula, « le fleuve aux eaux blanches », il décida d'y faire une pause avec son troupeau, avant d'aller rendre une visite-surprise, quatre ou cinq lieues en amont, au roi Évandre en sa cité de Pallantée.

Évandre était un vieil ami qu'il avait connu en Arcadie avant que celui-ci décide de s'expatrier pour venir s'installer sur le mont Palatin, une des nombreuses collines au bord du Tibre. Certains malveillants prétendaient qu'il fallait avoir au moins tué père et mère pour accepter de vivre dans une hutte inconfortable, entouré d'indigènes analphabètes et querelleurs, au cœur d'une région qui, hors les collines, n'était qu'un immense marécage insalubre. C'était mal connaître Évandre, cet homme de sens rassis, apôtre de la non-violence, amateur de musique, de belles-lettres et de jurisprudence. Son choix de Pallantée n'était d'ailleurs pas si mauvais puisqu'un jour, Énée, accompagné des survivants troyens de la guerre de Troie, y viendrait à son tour et qu'un de ses descendants, Romulus, y fonderait une ville appelée à dominer le monde, et pour longtemps : Rome !

Le roi Évandre avait pour voisin, sur la colline de l'Aventin toute proche de la sienne, un indésirable du nom de Cacus, sorte de Géant monstrueux des plus banals puisqu'il était doté de trois têtes cracheuses de feu, mais qui n'en passait pas moins son temps à mettre en coupe réglée toute la contrée. Évandre ne désespérait pas de le ramener à un meilleur comportement par la négociation et la persuasion ; or, ses avances s'étaient jusqu'alors révélées vaines. « Un monstre, lui répondait invariablement Cacus, se doit d'être hideux physiquement et moralement. »

Hercule, allongé dans l'herbe, s'était endormi paisiblement, suivi de peu par ses deux chevaux blancs dont il aurait souhaité pourtant plus de vigilance. Cacus, de son côté, dormait, bouches ouvertes d'aise, au fond de sa caverne, quand Héra s'approcha de lui et, lui tapotant le ventre de son pied blanc, lui cria dans les oreilles :

« Réveille-toi, gros tas ! En aval, tout près d'ici, campe un immense troupeau de bœufs qui devrait faire ton affaire ! »

Cacus se frotta les yeux, regarda en même temps devant lui, derrière lui et sur les côtés. La déesse avait disparu mais son injonction cheminait lentement dans les trois cerveaux du Géant. Cacus se leva, s'ébroua dans un nuage de poussière, et en quelques enjambées se retrouva tout près du troupeau d'Hercule dont les chevaux, maintenus dans un profond sommeil par Héra, ne bronchèrent pas. Lorsqu'il vit la centaine de bêtes magnifiques, Cacus saliva de convoitise, mais comme il n'était pas tombé de la dernière pluie, il se dit que les voler toutes ferait du bruit et encombrerait sa caverne. Sélectionnant quatre des plus belles vaches aux pis bien lourds et quatre des bœufs les plus roux, il entreprit de les extraire du troupeau en les tirant avec délicatesse par la queue, et les conduisit jusque chez lui, toujours à reculons. Puis, satisfait de son habileté, Cacus se rendormit.

Quand les doigts roses de l'Aurore effleurèrent ses joues, Hercule s'éveilla. Comme tous les matins, en bouvier consciencieux, il compta ses bêtes. Huit manquaient à l'appel. Or, curieusement, il constata que des traces de sabots sur le sol, bien groupées, avaient une orientation qui donnait à penser que des bovins, venus d'ailleurs, auraient dû plutôt augmenter le nombre de leurs congénères que le diminuer.

Hercule, décidé à résoudre cette énigme, commençait à remonter les traces de sabots quand il vit accourir vers lui une jeune fille toute gracieuse et toute mignonne, la gorge toute palpitante de l'effort qu'elle venait de fournir.

« Noble étranger, dit-elle, en reprenant son souffle, je suis la sœur du Géant Cacus. Je t'ai vu hier soir te baigner nu dans l'Albula et j'ai décidé que tu étais trop bel homme pour qu'on osât te porter préjudice. C'est mon chenapan de frère qui t'a dérobé huit de tes bêtes et les tient enfermées au fond de sa caverne. Méfie-toi, il est redoutable ! »

La jeune beauté s'apprêtait à s'en retourner sur ses pieds légers, lorsque Hercule, remis de son étonnement, lui dit :

« Merci, divine apparition. Mais donne-moi au moins ton nom, que je l'inscrive dans mon cœur pour ne point l'oublier. Sinon, comment te retrouver pour te remercier dès que je le pourrai ?

— Point n'est besoin, lui répondit-elle en rougissant avant de s'enfuir, d'être très doué en latin pour savoir quel est le féminin de Cacus !...

— Caca, Caca, Caca... », murmura Hercule au comble de l'extase.

Avant que la Nuit enveloppât de son manteau

noir les rives du fleuve, Hercule avait étranglé Cacus à l'entrée de son antre et récupéré ses vaches et ses bœufs. Puis, en compagnie d'Évandre ravi, il était allé offrir l'un de ses taureaux sur l'autel de son père céleste.

Comment remercia-t-il la sœur de Cacus, nul n'en a jamais rien dit.

*
* *

Dans le Sud de l'Italie, alors qu'Hercule longeait l'étroit passage qui le séparait de la Sicile, le taureau le plus turbulent de son troupeau, titillé par le démon de l'escapade à moins que ce ne fût par Héra, se jeta tout d'un coup à l'eau. Porté par un courant de nord-ouest, il nagea vigoureusement en direction de l'île. Hercule, abandonnant à la garde de ses chevaux le restant de son troupeau, s'élança à la poursuite du fugueur. Ralenti par le poids de son harnachement, il toucha terre longtemps après son taureau et dut le suivre à la trace à travers toute l'île. Il le retrouva enfin, dissimulé au sein d'un immense troupeau qui paissait sur les pentes d'une montagne, au pied de laquelle se blottissait une ville.

Hercule allait s'enquérir du propriétaire de ce troupeau lorsqu'un colosse à l'allure sportive, accompagné d'une foule d'admirateurs, accourut et se présenta :

« Je suis Éryx, fils d'Aphrodite. Je règne sur ce pays et ses habitants, les Élymes, et ce troupeau m'appartient.

— Je suis Hercule, fils de Zeus. Je ne règne sur personne, mais je viens récupérer, au sein de ton troupeau, ce qui m'appartient, que cela te plaise ou non. »

La réplique percutante d'Hercule ne sembla pas décontenancer Éryx qui poursuivit :

« Je m'ennuie un peu par ici où les compétitions sportives sont rares et où je trouve rarement quelqu'un avec qui me mesurer. Si tu veux récupérer à la loyale le taureau que j'ai en plus, il te suffit de me vaincre au pentathle, cinq épreuves qui, chez nous, sont la course à pied, le saut en longueur, le lancer du disque et du javelot, et enfin la lutte où je me flatte d'être le champion toutes catégories.

— Cinq épreuves pour mériter mon dû, c'est beaucoup, constata Hercule. Alors, si je les remporte toutes, j'exige non seulement mon taureau, mais tout ton royaume. »

Un silence suivit, puis les Élymes hochèrent la tête en signe d'approbation.

« Soit, déclara Éryx qui n'avait jamais douté de lui-même. Rendez-vous tout à l'heure dans notre stade. »

Les deux athlètes, nus et le corps enduit d'huile,

entrèrent ensemble dans l'arène et saluèrent les spectateurs déchaînés.

Hercule remporta sans mal les quatre premières épreuves. Quand vint celle de lutte où tous les coups sont permis, sauf les coups de pied ou de poing, mais où la fraîcheur et la concentration sont capitales, Éryx avait beaucoup perdu de sa maîtrise et de sa résistance. Il réussit pourtant, d'entrée, un superbe fauchage de jambe suivi d'une torsion du cou de son adversaire. Les Élymes, en délire, ovationnèrent leur champion. Hercule se dégagea par une sèche manchette au foie, et, à son tour, prit l'avantage par une terrible ceinture arrière. Les pieds d'Éryx quittèrent le sol et il commença à suffoquer. Hercule maintint sa prise et la conclut par un renversement imparable de son adversaire qui heurta le sol tête la première et se brisa les vertèbres cervicales. Bien que le fils d'Alcmène eût remporté la victoire dans une discipline qui voyait d'habitude s'affronter des athlètes différents pour chaque épreuve, il eut le triomphe modeste. Sous les applaudissements versatiles des Élymes, il se retrouva à la tête d'un royaume dont il n'avait que faire pour l'instant. Néanmoins, prévoyant, il y alla d'un petit discours dans lequel il annonça qu'il remettait le pouvoir à qui voulait bien le prendre, à condition qu'un jour, même lointain, un de ses descendants pût en revendiquer l'héritage. Il termina sur une note plus philosophique en faisant remarquer qu'on pouvait être fils d'une divinité sans pour autant cesser d'être un mortel imbécile, et que tout roi des Élymes pouvait se retrouver « éliminé »...

Puis Hercule quitta la Sicile avec son taureau, par bateau cette fois, récupéra son troupeau à peu près intact grâce à ses vaillants chevaux, et entreprit de remonter vers le nord en longeant l'Adriatique.

Héra, dans l'Olympe, invectivait Éris, la Discorde, qui n'avait pas su dresser les Élymes contre le bâtard de son époux. Zeus, dans sa barbe, souriait.

*
* *

Hercule avait atteint les premiers contreforts des montagnes de Thrace, avec encore une cinquantaine de têtes de bétail, quand Héra décida de jouer son va-tout. Alors que le troupeau traversait de son train de procession une zone boisée et accidentée, elle lâcha sur lui un taon femelle d'une taille et d'une voracité exceptionnelles, qui sans répit se mit à harceler de son dard les bêtes une à une. Hercule eut beau agiter sa peau de lion comme un chasse-mouches, rien n'y fit. Le taon monstrueux ne disparut que lorsque le héros se retrouva seul sur son char avec ses deux chevaux écumants, atteints de tournis.

Pendant une semaine entière, avec obstination, Hercule chercha ses bœufs, les appelant chacun par son nom, tantôt avec colère, tantôt avec douceur. Sans succès. Héra, dans l'Olympe, riait à gorge déployée, et sa gorge était belle. Au point que Zeus, qui n'avait pas vu son épouse d'aussi bonne humeur depuis longtemps, hésita à secourir ouvertement son fils. C'est Hermès qui s'en chargea.

En entrant dans Tirynthe, Hercule était encore accompagné d'un taureau noir, de trois vaches blanches et de huit bœufs roux.

Avisant Coprée qui jouait avec un chien galeux sur un tas d'ordures, au pied des remparts, il lui dit en désignant ses bêtes :

« C'est peu. Pourtant, grâce à elles j'ai fait le tour de la Méditerranée. Conduis-les à ton maître. Qu'il en fasse ce qu'il voudra ! Et comme je ne suis pas méchant par nature, précise-lui qu'il se garde bien d'en offrir une seule à Héra. La déesse aux bras blancs s'est ingéniée, tout au long du voyage de retour, à ce qu'aucune n'atteigne Tirynthe. Un tel cadeau serait pour elle un camouflet...

— Je le lui dirai, fils d'Alcmène. »

Quand Coprée arriva devant Eurysthée, celui-ci s'écria :

« Ces bœufs roux surtout sont prodigieux. Mais je ne sais pourquoi, je m'attendais à ce qu'il y en ait davantage... Quand je pense qu'on vantait jusqu'ici les centaines de bœufs de Géryon ! Encore une exagération méridionale ! Enfin, je vais dès demain les sacrifier sur l'autel de ma divine protectrice, l'épouse du Tonnant. Je lui toucherai même, comme promis, deux mots en faveur de ce pauvre Hercule... Ah, Coprée ! Mon indulgence me perdra... »

« Tu ne crois pas si bien dire », pensa Coprée en bavant de plaisir.

11

Hercule et les pommes d'or du jardin des Hespérides

Pour un beau mariage, ce fut un beau mariage. Tellement que, pour longtemps, il resterait la référence absolue en matière de justes noces. Pensez donc, c'était la première fois, depuis la création du monde, qu'on célébrait officiellement, devant témoins, une union entre un dieu et une déesse : Zeus, la barbe superbement taillée en pointe, épousait Héra, toute rougissante sous sa couronne de myrte, régularisant ainsi une liaison qui avait commencé le jour où, pour séduire la déesse, il s'était déguisé en coucou ! Le banquet fut à la hauteur de l'événement. Apollon joua de la cithare et Poséidon de la conque marine.

Aphrodite dansa voluptueusement. Les invités divins se gavèrent d'ambroisie et le nectar coula à flots. La mariée fut couverte de cadeaux. Gaia, la Terre, grand-mère des nouveaux époux, lui offrit un merveilleux pommier chargé de pommes d'or. La valeur considérable de tels fruits faisait aisément oublier qu'il était exclu de vouloir les consommer en compote ! Héra s'empressa d'aller planter cet arbre dans un jardin paradisiaque qu'elle avait on ne sait trop où, quelque part le long des rives d'Océan, là où Hélios disparaît, ou carrément dans le Grand Nord, au-delà du pays des Hyperboréens, là où retournent, chaque printemps, les oies sauvages.

La déesse avait depuis longtemps confié l'entretien de ce jardin au Géant Atlas, son cousin, qui y vivait, en toute quiétude bucolique, avec ses trois fort jolies filles : Aglaé « la Brillante », Érythéia « la Rouge » et Hespéraréthousa « la Nymphe du soir ». Tout le monde les appelait, pour simplifier, les Hespérides. Atlas, décidé à mettre ce pommier extraordinaire à l'abri des convoitises d'éventuels visiteurs peu scrupuleux, entoura le jardin d'un très haut mur.

Tout alla bien jusqu'au jour où, une guerre ayant éclaté entre les Géants et les Olympiens, les premiers furent vaincus et Atlas condamné à vie par Zeus à porter sur ses épaules la voûte du ciel. Plus question pour lui désormais de jardiner. Ses trois filles veillèrent seules sur l'arbre. Mais comment regarder toute la journée briller des pommes d'or sans être tenté d'y toucher ? Un soir, chacune en cueillit une, avec sans doute l'intention, bien naturelle, de la transformer en bracelets, colliers et autres pendants d'oreilles... Hélas ! Héra, qui avait l'œil à tout, les vit ! Et comme elle tenait sentimentalement au cadeau de sa grand-mère, elle se fâcha, gronda les jeunes filles et les occupa désormais à garder ses moutons qui, eux, n'étaient point en or massif. Puis elle prit, pour veiller sur ses précieuses pommes, un dragon du nom de Ladon, comme par hasard fils de Typhon et d'Échidna. Une telle ascendance valait toutes les références professionnelles ! Ladon ne bougea plus du pied de l'arbre, et les Hespérides ne purent plus contempler les fruits d'or que de loin, en fredonnant des chansons bucoliques.

*
* *

Hercule connaissait l'histoire des Hespérides et des pommes d'or d'Héra, qui, après avoir fait le tour de l'Olympe, fit celui de toute la Grèce. Aussi, quand Eurysthée lui demanda, négligemment, d'aller les lui décrocher, il comprit tout de suite dans quel guêpier son rusé cousin voulait le fourrer. Non seulement l'expédition était lointaine et risquée, peut-être plus encore que les précédentes, mais il était sûr, en cas de réussite, de s'aliéner définitivement l'épouse de Zeus. En ces temps anciens, pas plus que de nos jours, on n'était tendre envers les voleurs de pommes ! Hercule releva pourtant le défi en se disant qu'au retour il lui serait loisible de berner Eurysthée et de priver Héra de sa vengeance.

Restait à trouver quelle route il convenait de prendre pour parvenir au fameux jardin des Hespérides : celle du nord ? celle de l'ouest ? Les Olympiens, tenus au secret, ne le lui diraient pas. Si l'on en croit les multiples relations du périple d'Hercule, celui-ci aurait été des plus hésitants, des plus incohérents et des plus invraisemblables ! Voilà bien la meilleure ! Est-ce la faute du héros si personne ne s'est montré capable de noter convenablement ce que lui-même raconta, des nuits entières, coupe en main, aux habitués des *Jardins d'Aphrodite* de Nauplie ?

Hercule choisit de partir, avec son char et ses chevaux, vers le nord, en espérant qu'une rencontre fortuite éclairerait, le moment venu, sa lanterne. Celle qu'il fit en Macédoine, sur les bords de l'Échéidoros, à moins que ce ne fût en Thessalie, dans l'étroite vallée de Tempé où le Pénée sinue jusqu'à la mer, se révéla au moins un excellent exercice de mise en train.

Cycnos, fils d'Arès, et donc cruel et arrogant de naissance, gagnait sa vie en prenant celle des autres. Posté le long du fleuve, il dépouillait les pèlerins en route pour le sanctuaire d'Apollon à Delphes, puis les assassinait. Pour ne pas tomber dans la routine, il lui arrivait de les assassiner d'abord pour les dépouiller ensuite. Rien là, pourtant, de bien singulier en ces temps difficiles. D'autres agissaient de même, sur d'autres routes, dans d'autres contrées. La grande originalité de Cycnos, sans laquelle il ne serait pas passé à la postérité, c'est qu'il édifiait, avec beaucoup de compétence et de goût, un temple à la gloire de son père avec le crâne de ses victimes. Il avait encore besoin de quelques têtes pour en terminer la toiture quand Hercule mit un terme à cette œuvre de piété filiale par un coup de massue bien placé. Arès, furieux à juste titre, descendit de l'Olympe et lança un javelot sur le héros. Athéna qui l'avait suivi eut le bon réflexe de faire dévier l'arme de sa trajectoire, et c'est finalement Hercule qui réussit à blesser Arès. Zeus en personne dut séparer les combattants d'un coup de foudre. Arès alla se faire soigner à l'infirmerie de l'Olympe en maudissant Hercule. C'était la deuxième fois qu'il se faisait rosser par lui et qu'il allait pleurer dans les jupes de sa maman, Héra, et de sa petite amie, Aphrodite. La liaison d'Arès et d'Aphrodite, dont les autres dieux faisaient des gorges chaudes, cautionnait pourtant le slogan de l'époque : « Faites l'amour et la guerre ! »

*
* *

Après être passé tout près du pays des Hyperboréens, Hercule arriva, un matin, au bord de l'Adriatique, à l'embouchure de l'Éridan, que nous appelons maintenant le Pô et dont on pensait qu'il prenait sa source loin, dans le Nord inconnu. Alors qu'il contemplait, perplexe, le fleuve et la mer, le héros vit soudain jaillir à la surface de l'eau, dans un éclaboussement d'écume, mais avec un ensemble parfait, une cinquantaine de jeunes beautés, leurs longues chevelures blondes ou noires flottant comme des algues. Il les reconnut aussitôt, non sans plaisir. Les Néréides, petites-filles de Pontos, le Flot, et de Gaia, la Terre, faisaient, en s'amusant, leurs exercices matinaux de nage synchrone, en compagnie d'un triton chorégraphe et de dauphins aux allures de maîtres nageurs, avant de replonger dans leur palais d'or sous-marin. Là, sous l'œil attentif de leur mère Doris, elles tisseraient et fileraient toute la journée en chantant, comme il sied à des jeunes filles bien élevées.

Hercule, qui pour ce genre de choses avait bonne mémoire, aurait pu les appeler toutes par leur nom.

Il y avait Amphitrite, dont le bruit courait qu'elle allait épouser Poséidon, Thétis, amie d'Héra qui l'avait élevée, et qui serait un jour la mère attentionnée du bouillant Achille, Galatée, qui vivrait un grand amour avec le bel Acis, fils du dieu Pan, et Calypso et Orithye et Mélitè...

Dès qu'elles aperçurent et reconnurent à leur tour le héros, les Néréides se précipitèrent, en se bousculant, vers le rivage.

« Ohé, les filles ! les interpella-t-il. Vous savez que vous êtes de plus en plus belles ! Vous vivez toujours chez vos parents ? »

Et comme leur rire cristallin courait en petites vagues sur le sable, il ajouta :

« Désolé d'interrompre votre séance de gymnastique rythmique, mais vous qui savez tant de choses, pourriez-vous m'indiquer si, en remontant l'Éridan, j'ai une chance d'atteindre le jardin de vos cousines les Hespérides ?

— Descends avec nous voir Nérée notre père, lui répondirent-elles d'une même voix, lui pourra te renseigner. »

Hercule plongea derrière elles et arriva au palais où le Vieillard de la mer, enveloppé dans sa longue barbe blanche, dormait, son trident à portée de main. Dès qu'il sentit la présence du héros, il se réveilla en sursaut et, se servant de son trident comme d'une baguette magique, il se transforma en fût de colonne inerte couvert de concrétions. À l'instar de son jeune confrère Protée, gardien des phoques de Poséidon, Nérée avait en effet le pouvoir de se métamorphoser à sa guise.

« Le vieux bougre ne veut pas me parler, se dit Hercule. C'est mal me connaître ! »

Tandis que les Néréides préféraient prudemment disparaître dans le palais, Hercule s'agrippa au fût de colonne qui aussitôt se transforma en boule de feu, puis en rocher, en coquillage, en bulle d'air, en hippocampe à vapeur, en anguille à tête de rascasse... Quand Nérée, fatigué, comprit qu'il ne se débarrasserait pas de son cavalier, il se décida à reprendre son aspect habituel, en conservant tout de même, pour marquer le coup, une queue de poisson.

« Tu m'étrangles, gamin, dit-il haletant. Qu'attends-tu de moi ?

— Que tu me dises, vieillard puéril, où se trouve le jardin des Hespérides, répondit Hercule sans trop desserrer son étreinte.

— Penche-toi, je vais te renseigner à voix basse. Des oreilles indiscrètes pourraient nous entendre... »

Les explications de Nérée durèrent longtemps. Furent-elles claires ou embrouillées, précises ou vagues ? Toujours est-il que, quelques jours plus tard, Hercule abordait à Utique, sur l'actuelle côte tunisienne, autrefois libyenne, encore que certains affirment que ce fut plutôt du côté de Tanger, alors partie intégrante de la Mauritanie.

*
* *

Un Géant du nom d'Antée, fils de Poséidon et de Gaia, régnait sur ce pays où il avait d'ailleurs vu le jour. Comme tous ses semblables, colosses hideux par nature et fiers de l'être, il avait pour distraction favorite de provoquer à la lutte à main nue tous les étrangers de passage. Que ces derniers fussent des athlètes ou des gringalets lui importait peu puisqu'il les battait tous ! Hercule, toujours partant pour une bonne bagarre dans les règles de l'art, n'eut pas besoin de se faire prier pour accepter l'affrontement.

Les deux champions se délestèrent de leurs armes, enlevèrent leurs peaux de lions et tous leurs autres vêtements. Quand ils furent nus ou presque, ils s'enduisirent le corps d'huile pour que leur épiderme, devenu glissant, offre moins de prise à l'adversaire. Hercule s'étonna tout de même un peu quand il vit Antée recouvrir sa couche d'huile de sable et de poussière, comme font les éléphants avec leur trompe. « Coutume locale », se dit-il, et il se mit en garde. Très vite, sa souplesse et sa mobilité se révélèrent supérieures à celles du Géant dont les pieds ne quittaient jamais le sol et qui s'efforçait, sans grande imagination, d'attraper son adversaire avec ses longs bras. Hercule, à plusieurs reprises, réussit à le faire tomber, mais chaque fois, au lieu de se relever d'un bond, en pugiliste digne de ce nom, Antée restait étrangement allongé le plus longtemps possible, un sourire béat sur les lèvres. Au bout d'une heure de ce petit jeu, ce fut Hercule qui commença à fatiguer, alors que le Géant semblait aussi frais qu'au début du combat. Jetant toutes ses forces dans la bataille, Hercule réussit un superbe renversement suivi d'une immobilisation totale, qui ne pouvait aboutir qu'à l'abandon... ou à la mort de son adversaire. Or, phénomène stupéfiant, plus Antée restait cloué au sol, plus sa respiration redevenait normale et plus la musculature de ses membres et de ses pectoraux reprenait de l'ampleur et de la vigueur. Au point qu'Hercule fut finalement projeté en l'air comme par un immense ressort. Antée se redressa, plein de morgue et de suffisance. Il savait que le héros s'épuisait en vain, de même que ses prédécesseurs. Il eut tort d'éclater de rire. Depuis quelques minutes, une petite voix chuchotait à l'oreille d'Hercule : « la Terre, la Terre, la Terre... », et soudain il comprit l'évidence. Chaque fois que le

Géant entrait en contact avec sa mère, il reprenait des forces et se régénérait. D'ailleurs, Gaia avait-elle jamais caché qu'Antée était son fils préféré et qu'elle ferait tout pour lui ? Alors Hercule, se glissant avec une rapidité extraordinaire sous la garde de son adversaire, le saisit à la taille comme dans un étau et le souleva de terre. Antée eut beau gigoter dans tous les sens et Gaia gémir de douleur, Hercule s'abstint de relâcher sa prise et de laisser le Géant reprendre appui sur le sol. Au bout de quelques minutes, dans un immense râle, Antée, les reins brisés, s'affaissa comme une poupée de chiffon, mort.

Les tenants de l'hypothèse mauritanienne prétendent que l'histoire ne s'arrête pas là. D'après eux, Antée avait une femme qui s'appelait Tingé. Hercule, ayant trouvé la veuve à son goût, lui tint compagnie, pour la consoler, la nuit suivante. Il eut, bien sûr, un fils d'elle, du nom de Sophax, qui en l'honneur de sa mère fonda la ville de... Tanger. Si vous êtes sentimentaux, adoptez sans hésiter ce happy end. Quant à nous, retournons en Libye.

*
* *

Ayant quitté Utique, Hercule se dirigea, apparemment sans hésitation, vers l'Égypte dont le roi s'appelait Busiris.

Chacun sait que les crues irrégulières du Nil

étaient alors une vraie calamité. Une année de basses eaux signifiait une irrigation impossible et des récoltes désastreuses. Que les Égyptiens souffrent de la famine, Busiris ne s'en souciait guère, mais que cela empêchât ses rentrées d'impôts, voilà qui devenait intolérable. La sécheresse sévissait sur l'Égypte quand un Chypriote du nom de Phrasios, devin de son état, de passage à la cour de Busiris, crut malin de conseiller au roi de sacrifier chaque année un étranger nouvellement arrivé dans le pays pour amener Nilos, le dieu du Nil, à une meilleure compréhension de la situation. Busiris le prit au mot et commença par sacrifier en premier le devin. Nilos se formalisa-t-il qu'on lui eût offert un imbécile ? La sécheresse en tout cas continua, et cela faisait neuf ans que chaque année Busiris sacrifiait en vain un étranger quand Hercule entra, sans méfiance, en Égypte. Une embuscade rondement menée entre chien et loup, et Hercule se retrouva proprement assommé, entouré de bandelettes et couvert de fleurettes, couché sur l'autel de Nilos.

Lorsqu'il prit conscience de ce qui lui arrivait, le couteau du prêtre sacrificateur était levé au-dessus de sa tête. Peu enthousiaste à l'idée de jouer les martyrs ou les boucs émissaires, Hercule banda ses muscles et fit éclater ses bandelettes, puis, profitant de l'effet de surprise, siffla ses chevaux qui arrivèrent au galop avec son char et ses armes. Quelques coups de massue et d'épée, et Busiris alla rejoindre ses ancêtres et, après lui, sa femme et ses enfants, ses serviteurs, ses gardes, les prêtres et leurs assistants, et la moitié de son armée. Hercule fêta sa victoire par une tournée triomphale à travers l'Égypte où il fonda, chemin faisant, sur le Nil, en souvenir de sa ville natale, Thèbes-aux-cent-portes.

*
* *

Après sa visite mouvementée de l'Égypte, Hercule remonta, à travers l'Asie Mineure, jusqu'au Caucase, afin d'y rencontrer le célèbre Prométhée, cousin de Zeus mais surtout frère d'Atlas et devin réputé. Qui, mieux que lui, pourrait confirmer ou infirmer les renseignements fournis, de mauvaise grâce, par le Vieillard de la mer ?

Sa renommée, Prométhée la méritait, lui le bienfaiteur inconditionnel de l'humanité. Depuis que les hommes existaient, on ne peut pas dire que les dieux en général et la génération des Olympiens en particulier s'étaient montrés bienveillants à leur égard. En revanche, Prométhée s'était toujours rangé du côté des hommes, les guidant, les conseillant, les aidant matériellement, quitte à mécontenter son susceptible cousin.

Un jour, par exemple, qu'un bœuf devait être

sacrifié à Zeus, il avait été prévu que la moitié dont le dieu ne voudrait pas servirait à nourrir les hommes ; Prométhée avait aussitôt astucieusement regroupé, d'un côté, la viande comestible de l'animal, enveloppée dans sa peau, et, de l'autre, les os et toute la graisse. Cette seconde moitié semblant plus lourde et plus volumineuse que la première, c'est elle que Zeus choisit. La gourmandise fait souvent perdre tout discernement. Quand il se rendit compte que sous la graisse il n'y avait qu'un squelette immangeable, il était trop tard pour changer de part. Les hommes s'étaient régalés avec la leur. Inutile de dire que Zeus en voulut à Prométhée qu'il eut désormais à l'œil, mais faute de pouvoir se venger sur lui d'avoir été floué, il s'en prit évidemment à ceux qui n'y étaient pour rien et priva les hommes du feu vital. Plus de feu, dans les villages, pour se chauffer, faire cuire les aliments ou éloigner les fauves !

Qu'à cela ne tienne ! Bravant les foudres de Zeus, Prométhée, sans hésiter, subtilisa quelques étincelles au char d'Hélios et redonna le feu à l'humanité. Devant un tel crime de lèse-majesté, Zeus se devait de sévir et la punition serait à proportion de l'insolence. Prométhée fut condamné à vivre enchaîné au sommet du Caucase et, comme si cela ne suffisait pas, un aigle monstrueux, frère de Ladon, fut commis d'office pour lui dévorer en permanence le foie. Zeus savait-il que cet organe est capable de se régénérer quand on en prélève un morceau ? Autant dire que l'aigle ne mourrait jamais de faim et que le malheureux Prométhée serait son garde-manger pour l'éternité. Zeus, dans sa colère, « avait juré sur le Styx », rivière des Enfers, que personne n'aurait jamais la permission de libérer Prométhée, et un tel serment était, en principe, irréversible.

Cela dit, Prométhée bénéficiait tout de même du droit de visite, et compte tenu de ses qualités de cœur et de son don de devin, on se bousculait souvent sur le Caucase pour l'approcher. Même si ses cris de désespoir et ses lamentations perpétuelles en gênaient plus d'un.

Zeus lui-même ne dédaignait pas d'aller le consulter. Après tout, quand on a un spécialiste dans la famille !... C'est ainsi qu'un jour où il demandait à son cousin ce qu'il prévoyait, concernant ses amours éventuelles avec la Néréide Thétis, celui-ci lui dit de se méfier et de laisser tomber la belle, car le fils qui naîtrait d'elle deviendrait plus puissant que son père. Zeus, prudent, renonça à Thétis et fit bien. De tels services finissent par étouffer les rancœurs – on ne peut pas écrire « créer des liens », Prométhée en ayant déjà son content ! – et Zeus commençait à s'en vouloir d'avoir été excessif en jurant sur le Styx plutôt que sur n'importe quoi d'autre.

C'est à ce moment qu'Hercule se mit à grimper les flancs du Caucase. Quand il entendit les plaintes terribles de Prométhée et qu'il vit l'aigle penché au-dessus de lui, l'œil cruel et le bec avide, le héros n'hésita pas. D'une flèche précise, il cloua l'aigle au rocher, et en un tournemain débarrassa Prométhée de ses chaînes.

Zeus, qui voyait tout chaque fois que cela l'arrangeait, fut stupéfait de l'audace et du sang-froid de son fils, de son courage et de sa générosité aussi. Quel père ne s'enorgueillirait-il pas de telles qualités ? Zeus, en soupirant, décida d'oublier son serment et de laisser courir Prométhée, à condition que celui-ci accepte de porter à son doigt une bague d'acier, avec une pierre du Caucase en guise de chaton, qui lui rappellerait ses chaînes et le lieu de son séjour forcé. Prométhée aurait sans doute préféré n'avoir plus jamais sous les yeux le souvenir de sa mésaventure, mais il se garda bien de tout commentaire. Et pour remercier Hercule, son sauveur, il lui conseilla de ne pas aller voler lui-même les pommes d'or du jardin des Hespérides mais de se débrouiller pour en charger Atlas en jouant sur sa vanité et sa naïveté. En somme, de prendre un homme de main pour ne pas avoir à effectuer soi-même une besogne à haut risque. Ce conseil ne valait pas rien. Sur quoi, Hercule et Prométhée se jurèrent à vie fidélité et partirent chacun de son côté.

*
* *

À voir Atlas débraillé, le cheveu et la barbe hirsutes, la mine sombre et farouche, le dos courbé, on l'eût dit chargé de toutes les misères du monde. En fait, debout au sommet d'une montagne, il portait sur ses larges épaules le poids effarant de la voûte céleste, et il la porterait inexorablement jusqu'à la fin des temps. Toute faiblesse, tout relâchement de ses muscles lui étaient interdits sous peine de laisser choir le ciel sur la tête des dieux et des hommes.

Lorsqu'il vit Hercule approcher, il lui demanda, l'œil mauvais :

« Viens-tu ici pour me narguer, fils de mon ennemi et mon ennemi toi-même ?

— Moi, ton ennemi ? s'étonna Hercule. La guerre entre les Géants et les Olympiens est finie depuis longtemps, même si ma présence aux côtés de mon père, contre toi et tes frères, s'est révélée décisive pour la victoire des dieux. Aurais-tu oublié que ce sont tes congénères qui nous ont agressés les premiers ?

— Alors qu'attends-tu de moi ? Tu ne vois pas

que je suis occupé et que je n'ai pas de souffle à perdre pour bavasser ? »

Atlas ne semblait décidément pas décidé à se dérider.

« Petit-fils de Gaia et d'Ouranos, lui dit Hercule avec humilité, j'ai un service à te demander de la part du roi Eurysthée, et que tu es le seul à pouvoir rendre.

— Ah oui ? Et quel service pourrais-je bien lui rendre dans l'état où tu me vois réduit ? fit Atlas avec un sourire amer.

— Tu connais les caprices d'Eurysthée, expliqua Hercule. Il aimerait que tu lui cueilles les pommes d'or d'Héra...

— Et quel intérêt aurais-je à le faire ? demanda le Géant intrigué.

— Mais la vengeance, mon cher, la vengeance ! La déesse s'est bien gardée d'adoucir ton sort, à toi son jardinier en chef. Et a-t-elle fait preuve de mansuétude à l'égard de tes filles qui n'ont eu que le tort d'aimer les belles choses ? Quand je pense qu'elle leur a préféré un dragon !...

— Justement, parlons-en, l'interrompit Atlas. S'il n'y avait que mes filles, je les convaincrais aisément de tourner la tête pendant que je déroberais les pommes. Malheureusement, il y a Ladon...

— Si c'est cela qui t'arrête, j'en fais mon affaire, affirma Hercule.

— Alors descends l'autre versant de cette montagne et tu trouveras le jardin, au bord d'Océan. »

Ce renseignement donné par Atlas scellait leur accord.

*
* *

Hercule escalada avec peine le mur d'enceinte et, sans s'attarder dans la contemplation du jardin féerique, tira une de ses flèches sur le dragon qui s'ennuyait, enroulé au pied du pommier merveilleux. Trois autres flèches furent pourtant nécessaires pour que sa vilaine âme, enfin, s'envolât vers le Tartare.

« Voilà, c'est fait. Le champ est libre ! annonça le héros quand il revint auprès d'Atlas.

— Bon, j'y vais, soupira le Géant sans enthousiasme ; c'est vraiment pour être agréable à Eurysthée qui n'a pas, comme toi, le sang de mes frères sur ses mains. Si tu veux bien tenir cette fichue voûte à ma place pendant ce temps-là ?

— Volontiers, dit Hercule en se mettant en position. Mais presse-toi. Je n'ai ni ta robustesse ni ta résistance. »

Après quelques exercices d'assouplissement, Atlas descendit vers la plaine, sans hâte excessive.

*
* *

Hercule n'avait jamais attendu quelqu'un avec autant d'impatience. Pourtant, quand Atlas le rejoignit, portant un panier d'osier dans lequel brillaient les pommes d'or, il ne voulut rien laisser paraître de sa joie ni de sa fatigue, et l'accueillit en déclarant, faraud :

« Je m'attendais à ce que ce ciel pesât beaucoup plus lourd. Non que je veuille diminuer ta performance.

— Alors, tant mieux, lui répondit Atlas en retroussant ses grosses lèvres de contentement, car j'ai l'intention de rapporter moi-même ces pommes à Eurysthée. Pourquoi un intermédiaire en ce genre d'affaire ? Si tu veux bien continuer à me remplacer pendant quelque temps ?

— Mais avec plaisir ! l'assura Hercule sans marquer d'étonnement. Je te remercie même de te charger de cette corvée. Revoir Eurysthée était au-dessus de mes forces ! Toutefois, ayant une peau plus fragile que la tienne, j'aimerais glisser un coussin entre mes épaules et cette voûte. Reprends-la un instant, je te prie... »

Atlas, trop sûr de lui pour se montrer méfiant, accepta.

Hercule se baissa, ramassa le panier de pommes

et s'en alla en sifflotant pour ne pas entendre les injures d'Atlas. À mi-pente, il se retourna et cria :

« Du calme, Atlas ! Tu secoues tellement la voûte céleste que tu vas écailler sa belle couleur bleue ! »

*
* *

Quand Eurysthée vit devant lui les fameuses pommes d'or, il dut se faire violence pour dissimuler sa convoitise et repoussa le panier en disant, la bouche pincée, à Hercule qui le regardait d'un œil ironique :

« Mon cher cousin, comment as-tu pu croire un seul instant que j'étais sérieux en te demandant d'aller me cueillir les pommes de ma bienfaitrice ? Vraiment, tu me déçois. Tu prends tout au premier degré. Il est bien évident que je ne veux pas voir ces pommes. Garde-les pour toi qui les as volées ! Et que Zeus te protège, s'il le peut, des griffes d'Héra ! »

Dans une grande envolée de manches, il tourna le dos à Hercule, et s'en fut, majestueux, vers ses appartements. Mais quand il perçut, derrière lui, le bruit d'une épée que l'on tire de son fourreau, il releva sa tunique et prit ses maigres jambes à son cou.

Hercule s'empressa d'offrir les pommes d'or à Athéna qui les rapporta aussitôt dans le jardin des

Hespérides. Elle regagnait l'Olympe au pas cadencé quand elle croisa Héra, furibonde.

« Où vas-tu, épouse du presque Tout-Puissant, le rouge aux joues ? lui demanda-t-elle faussement inquiète.

— Dire deux mots à un voleur de pommes qui se paie ma tête dans une auberge de Nauplie. Heureusement que le petit Eurysthée m'a prévenue.

— Quel voleur ? Quelles pommes ? demanda cette fois malicieusement Athéna. Pas celles de ton jardin, j'espère ? J'en arrive à l'instant. Elles brillent de mille feux dorés aux branches de ton pommier, veillées par les charmantes filles d'Atlas. Ladon semble mort. Tu ne devrais pas laisser son cadavre au pied de l'arbre. Ça fait désordre ! »

*
* *

À ceux qui, curieux à l'excès, continuent à se demander où pourrait bien se trouver le jardin des Hespérides, je dirai que ce n'est pas parce qu'une chaîne de montagnes d'Afrique du Nord porte le nom du Géant Atlas qu'il faut obligatoirement placer ce lieu de délices du côté d'Agadir ou de Marrakech. Encore que...

12

Hercule et Cerbère

Depuis un mois, Eurysthée avait choisi de promener son oisiveté dans son palais de Mycènes.

Après une nuit passée à se gratter le crâne, le petit roi trouva enfin quel ultime travail il pourrait bien infliger à son indestructible cousin pour satisfaire Héra. Un vilain rictus déforma sa mine chafouine.

« Mais oui, mais c'est bien sûr ! se dit-il. Je vais l'envoyer aux Enfers, où l'on descend plus vite qu'on n'en remonte, et exiger qu'il me ramène Cerbère, le redoutable gardien du royaume des Morts. À supposer qu'il réussisse cet exploit, j'y gagnerai au moins un fameux molosse pour protéger mes trésors et mon auguste personne. Hi, hi, hi ! », et d'ordonner aussitôt à son fidèle Coprée de filer transmettre, pour la dernière fois, ses volontés au fils d'Alcmène.

Celui-ci attendait sans impatience devant la porte des Lionnes des remparts de Mycènes, que l'aube naissante caressait de ses doigts de rose, en jouant aux dés avec son neveu. Quand Coprée lui eut bafouillé de sa bouche édentée à l'haleine chargée d'ail l'objet de sa mission, Hercule, loin de s'en effrayer, fut secoué d'un rire énorme, si énorme qu'en l'entendant malgré l'épaisseur des murs de son palais, Eurysthée courut à tout hasard se réfugier dans sa jarre.

« Mon bon Iolaos, s'exclama Hercule, ce farceur d'Eurysthée m'envoie justement où je rêvais d'aller depuis que j'ai épuisé les charmes du monde connu ! D'autant que j'ai toutes les chances d'y apercevoir quelques-uns de mes amis d'autrefois. Allons, ce n'est pas un peu de spéléologie qui va me mettre au trente-sixième dessous ! »

Ramassant armes et bagages, plus une poignée d'olives en cas de fringale, Hercule et Iolaos bondirent dans leur char, et fouette, cocher ! Les deux chevaux (Iolaos s'était offert un nouveau bige au dernier Salon hippomobile d'Athènes), frémissant d'impatience de part et d'autre du timon, prirent au galop le chemin qui les éloignait de la ville.

Nombreux étaient, en ce temps-là, en Grèce et en Italie, les gouffres qui menaient aux Enfers, et point n'était besoin de battre sans fin la campagne pour en découvrir un. Le char du Soleil n'était pas encore à son zénith lorsque Iolaos, sur un signe d'Hercule, arrêta le sien près d'une large fissure dans le sol rocheux, d'où s'échappaient de légères fumerolles.

« Respire, mon neveu, dit Hercule tout réjoui. Ne sens-tu pas cette subtile odeur de soufre ? Nous y sommes. Attends-moi là, je n'en ai pas pour longtemps, par Apollon et Athéna qui me protègent ! »

Aussi tranquillement que s'il se fût dirigé vers une taverne des bas-fonds d'Athènes, Hercule s'enfonça dans le sol, son épée à la ceinture, tenant sa massue d'une main et une torche de résine de l'autre, pour ne pas se cogner la tête ou trébucher. Courageux, mais prévoyants : ainsi sont les vrais héros.

Après un certain temps d'abrupte descente, Hercule perçut soudain avec netteté le bruit de rames frappant en cadence une surface liquide. Quelques mètres encore et il vit distinctement qu'il était arrivé au bord de l'Achéron, un des fleuves des Enfers, large comme un lac, et que Charon, petit vieillard hideux à longue barbe grise, vêtu de haillons sombres et coiffé d'un chapeau noir, l'attendait dans sa barque au bordé fatigué pour le faire traverser, comme il faisait traverser tous les défunts de la Terre depuis que les hommes étaient mortels. Une pancarte, plantée dans le sol spongieux, indiquait : *TARIF : Un aller simple, sans retour : 1 obole.* Hercule éteignit sa torche. On y voyait comme en plein jour.

« Puisque tu viens ici de ton plein gré, lui dit le farouche passeur, je te transporterai gratis.

— Merci, lui répondit Hercule. Je compte sur toi pour le retour... si c'est au même prix ! »

Charon debout à la proue, grise silhouette voûtée dans un brouillard gris aux exhalaisons soufrées, le héros debout à l'arrière, imposante silhouette avec son armure dorée et sa peau de lion rutilante, la barque fantomatique avançait avec la sinistre lenteur qui sied à un corbillard, les rames manœuvrées par d'invisibles mains. Tout autour ondulaient des ombres évanescentes, qui prenaient tantôt l'apparence d'humains célèbres morts depuis longtemps, tantôt celle de monstres repoussants, et qui disparaissaient comme elles étaient venues. Rien là, en somme, de bien impressionnant pour Hercule.

Le bruit mat que fit la barque quand elle toucha l'autre rive déclencha aussitôt une avalanche de grognements, d'aboiements et de hurlements épouvantables, ponctués de sifflements aigus du plus terrifique effet. Dans les vapeurs qui peu à peu se dissipaient de ce côté-ci de l'Achéron, Hercule distingua bientôt l'auteur de cette assourdissante sarabande. La réalité dépassait l'imaginable.

À l'extrémité d'une allée bordée de grands arbres au feuillage gris étrangement immobile, se dressait une monumentale porte en pierres serties de diamants, qui en disait long sur la richesse du maître des lieux. Et sur le seuil de cette porte, cambré sur de puissantes pattes griffues, le frère de l'hydre de Lerne et du lion de Némée, l'incontournable gardien des Enfers, Cerbère soi-même, dans toute son horreur. Une sorte d'immense chien noir, pourvu de trois gueules écumantes aux crocs sanguinolents, d'une queue de lion plus cinglante qu'un fouet, le dos couvert de serpents venimeux à tête chercheuse. Le cou unique, large comme un tronc d'arbre, était pris dans un collier de fer clouté d'or, auquel se trouvait fixée jusqu'au chambranle de la porte une chaîne aux maillons d'acier qui eût pu retenir à l'ancre, dans la tempête, le plus gros navire de la flotte mycénienne. Par comparaison, le plus agressif des pitbulls n'eût été, à côté de lui, que mignon chihuahua. Le rôle de Cerbère, qu'il remplissait sans défaillances – quand une tête dormait, les deux autres veillaient –, était d'interdire l'entrée des Enfers à tout être vivant et surtout la sortie à toute âme morte. Tel était le bon plaisir de son maître, l'inflexible Hadès, dieu incontesté du monde souterrain et de ses richesses.

Bien que franchir cette porte ne fût, pour lors, ni dans son contrat ni dans ses intentions, Hercule savait, comme tout le monde, sur quoi elle ouvrait : le tribunal des incorruptibles, chargé de juger les âmes des morts et que présidait le célèbre Minos. Celles des damnés étaient immédiatement conduites, « manu militari », vers le Tartare, marécage immonde et pestilentiel où elles croupiraient pour l'éternité dans le noir absolu, en proie aux pires souffrances. Celles des bienheureux, en revanche, étaient dirigées, en grande pompe, vers les champs Élysées toujours verts et fleuris de narcisses où, dans une douce lumière, elles pourraient perpétuellement s'ébattre et folâtrer aux accents d'une musique céleste. Entre les punis et les récompensés s'étendait la demeure d'Hadès, fastueuse mais dépourvue d'intérêt architectural. Hadès n'était pas un esthète.

Tout en songeant au sort de ses amis défunts de l'un et l'autre camp, Hercule avisa sur sa droite, derrière la rangée d'arbres de l'allée, une vaste prairie couverte d'asphodèles, qui descendait en pente douce vers l'Achéron, et où paissait philosophiquement, gardé par un bouvier impavide, le magnifique troupeau de génisses d'Hadès, orgueil de son propriétaire. Puis il eut l'œil attiré, à gauche cette fois, par un rocher sur lequel deux formes humaines semblaient solidement attachées. Faisant fi des aboiements et sifflements de Cerbère, qui redoublaient d'intensité, le héros, intrigué, s'approcha. Son étonnement fut tel qu'il en lâcha sa massue lorsqu'il reconnut deux de ses compagnons de maintes aventures, Thésée et Pirithoos, réduits à l'immobilité et qui gémissaient : « À boire, par pitié ! » C'était une requête à laquelle, autant que Dionysos, il n'avait jamais résisté. Faute de pouvoir puiser l'eau polluée de l'Achéron, Hercule fit demi-tour, fonça sur une des génisses d'Hadès qu'il attrapa et poussa sans ménagements vers les prisonniers, et, pour finir, l'égorgea sans cérémonie. Chacun a lu que le sang de bœuf a des vertus roboratives. À peine Thésée et Pirithoos s'en furent-ils désaltérés qu'ils se sentirent revenir à la vie.

Las ! Lorsqu'il vit avec stupeur dans quel état Hercule avait mis une des génisses de son maître, le bouvier s'anima enfin et se précipita, furieux, le bâton levé. Hercule n'aimait pas qu'on veuille lui caresser l'échine de cette façon. Saisissant l'imprudent dans l'étau de ses bras, il lui brisa les côtes d'une seule pression à chaud et le laissa choir sur le cadavre encore palpitant de la génisse. Puis reprenant le droit fil de ses entreprises, il se mit en devoir de trancher les liens de Thésée pendant qu'à tour de rôle, Pirithoos et lui narraient leur mésaventure.

Peu auparavant, ils avaient décidé, sans doute poussés par quelque démon de midi ou de minuit, de descendre aux Enfers pour y enlever rien de moins que la jeune Perséphone, la belle et point trop froide épouse d'Hadès. Ils s'étaient même procuré un rameau de gui magique qui seul permettait de neutraliser Cerbère et d'ouvrir la porte. Hercule se demanda un instant si ce n'était pas Perséphone elle-même qui leur avait fourni un double de sa clé, en quelque sorte. Mais prévenu de leurs mauvaises intentions par Cerbère, le barbon jaloux s'était précipité à leur rencontre et, avec l'aide empressée d'une dizaine de spectres à sa solde, les avait faits prisonniers en attendant de statuer sur leur avenir.

Cette histoire savoureuse ne déplut pas à Hercule qui dit à Thésée :

« Ne t'attarde pas davantage dans cet endroit malsain. Profite de la barque de Charon et gagne au plus vite la surface. Je m'occupe de Pirithoos. »

Alors que Thésée, véloce, s'éloignait sur l'Achéron et qu'Hercule s'apprêtait à couper le dernier lien qui retenait Pirithoos à son rocher, un tremblement de terre, aussi soudain qu'imprévu, accompagné d'un roulement de tonnerre, capable de couvrir les hurlements de Cerbère, fit disparaître dans les éclairs, la fumée et la poussière tout ce qui entourait Hercule. Quand le séisme enfin s'arrêta, Pirithoos et son rocher s'étaient volatilisés !

Regardant alors vers la porte, tout en toussant et s'ébrouant, le fils d'Alcmène vit avancer à grandes enjambées, vêtu de noir de la barbe aux cothurnes, Hadès en personne, le frère de Zeus redouté de tous les autres dieux, et entendit distinctement les paroles qu'il prononçait avec un calme que l'on eût pu qualifier d'olympien :

« Holà, holà ! le bon chien-chien à son pépère. Que se passe-t-il donc ici depuis une heure ? Allons, gentil, Cerbère, gentil ! Si tu es sage, pépère te donnera à manger quelques méchants mortels, dodus comme tu les aimes ! – Mais que vois-je ? C'est toi, mon neveu, le responsable de tout ce vacarme ? C'est toi qui fais s'égosiller mon bon Cerbère ? Quel mauvais vent, fils de Typhon, t'amène ? – Calme, Cerbère, calme, s'il te plaît ! – Tu sais bien, fils de Zeus, que je n'apprécie guère la visite des vivants, fussent-ils de ma famille ! – Couché, Cerbère ! Aïe ! Mais c'est qu'il me mordrait moi-même, la sale bête ! Au pied, j'ai dit ! – Non content de vouloir délivrer deux coquins, tu assassines mes gens et égorges mes troupeaux ! En voudrais-tu à mes autres richesses, par hasard ? Regarde-moi quand je te parle, et réponds-moi quand je t'interroge ! »

Ainsi parla le dieu des Enfers, des flammes rouges dansant dans ses yeux.

De peur de voir exploser la colère sourde d'Hadès l'implacable, Hercule avait aussitôt choisi d'adopter un profil bas. Et c'est en cachant sa massue derrière son dos et en se dandinant comme un gamin pris en faute, qu'il répondit avec candeur :

« Bonjour, mon oncle, ou devrais-je dire bonsoir, tant il est vrai qu'ici nul ne connaît plus ni le jour ni l'heure. Je te présente mes respects et te demande de bien vouloir transmettre mes humbles hommages à dame Perséphone, lorsqu'elle rentrera de vacances. Tu sais que je n'aime pas voir des amis en fâcheuse posture – même méritée –, et je suis certain que toi-même n'aurais pas manqué de bientôt les libérer, dans ta légendaire mansuétude. Quant à ta génisse – la plus faible de ton troupeau – et à ton bouvier – qui m'a agressé le premier –, je te les remplacerai au centuple. Si j'ai pris la peine de descendre jusqu'à ton merveilleux royaume que tu gères avec une compétence et une autorité dont ferait bien de s'inspirer le grand Zeus lui-même, c'est uniquement dans l'obligation où je suis de rendre service à mon cousin Eurysthée qui t'adore mais qui s'est mis dans la tête – sans que j'aie pu l'en retirer – de t'emprunter ton brave Cerbère...

— Bon, bon, mon neveu, l'interrompit Hadès

qui, comme bien des puissants, était vaniteux et que le fumet de la plus grossière flagornerie enivrait de contentement, je n'ai rien contre l'idée de te céder Cerbère... quoi qu'il m'en coûte. C'est vrai que je ne manque pas d'autres gardiens efficaces... Méduse, par exemple. Pourtant, vois-tu, je ne voudrais pas qu'il arrive le moindre mal à ce compagnon fidèle. Aussi te demanderai-je de poser à terre toutes tes armes... oui, ton épée en premier. Tu serais capable de lui crever un œil et de me l'enlaidir, mon beau Cerbère !... – Arrête de me lécher ou tu vas réveiller mes vieilles douleurs ! – Tu pourras ensuite, mon neveu, décrocher la chaîne de Cerbère... s'il te laisse faire, et l'emmener avec toi.... s'il veut bien te suivre ! Ha, ha, ha ! »

De mémoire de mortel et de dieu même, personne n'avait jamais entendu rire le sinistre Hadès, ni entendu dire qu'il avait le sens de l'humour ! Malgré sa proverbiale insouciance et son culot légendaire, Hercule sentit une sueur glacée couler le long de sa colonne vertébrale, au risque de faire rouiller sa cuirasse. Pourtant, le héros ne faiblit pas. Sans autre arme que sa détermination, il s'avança vers le gardien des Enfers qui le regardait approcher avec gourmandise de ses trois paires d'yeux rouges.

Hercule et Cerbère se jetèrent l'un sur l'autre avec fracas. Le héros, le premier, saisit le monstre à brasle-corps, le souleva de terre, arracha d'un coup de reins la chaîne qui le retenait à la porte, et couvert du sang qui sourdait des terribles blessures que lui infligeaient les crocs et les griffes malgré la protection de sa cuirasse et de sa peau de lion, il réussit une prise que les lutteurs appellent un étranglement et qu'il maintint sans broncher sous la souffrance. Et alors que Cerbère, au bout d'un temps qui parut au héros une éternité, commençait à suffoquer – yeux et langues hors des têtes, les serpents de son dos devenant flasques l'un après l'autre –, Hercule, en un tournemain, le saucissonna avec la chaîne, puis le jeta pantelant sur son épaule en disant, à peine essoufflé :

« Merci, oncle Hadès, de ta compréhension. Je ne t'ai que trop dérangé. Adieu. Les morts t'attendent, et moi les vivants ! »

*
* *

Couvert de poussière et de sang, la cuirasse et la peau de lion toutes de travers, Hercule sortit de terre comme un diable de sa boîte. Une foule nombreuse de badauds enthousiastes, rameutée par Thésée et Iolaos, l'attendait pour l'ovationner. Un peu déçue, néanmoins, que l'abominable Cerbère ne ressemblât plus qu'à un vulgaire saucisson de chien !

*
* *

Arrivé sous les murs de Mycènes, Hercule jeta à terre son encombrant fardeau et Eurysthée, déconfit, ne put faire autrement que de venir en personne réceptionner le paquet-cadeau. Pour mieux masquer sa consternation de voir Hercule une fois de plus vainqueur, il improvisa en bon politique un pompeux discours en vers, comme les grands de ce monde en avaient alors l'habitude :

« *Je te salue, Hercule,*
Qui jamais ne recules.
Incomparable héros
Plus hardi qu'un chevreau,
Tu viens, comme il se doit,
D'accomplir un exploit
En tout point formidable
Et le plus mémorable
Qu'il soit donné de voir.
En vertu des pouvoirs
Qui me sont conférés...

— Point de chichis entre nous, cousin, l'interrompit Hercule. Je ne veux pas de décoration. Rédige-moi plutôt une attestation prouvant que j'ai bel et bien accompli, en douze ans, les dix travaux auxquels j'ai été condamné par la volonté des dieux vénérés... plus les deux autres, pour faire bon poids !

— Comme tu voudras, dit Eurysthée vexé. Encore que je t'aie demandé de me ramener un Cerbère en état de marche et non une descente de lit !

— Bah ! Donne-lui à manger un bœuf, deux moutons et trois ou quatre esclaves, et je te garantis qu'il reprendra bientôt du poil de la bête ! »

*
* *

Après qu'Apollon et la lune Sélénè eurent parcouru chacun trois fois la voûte céleste, Coprée, la tunique en lambeaux, se précipita en hurlant vers la meilleure hôtellerie de Mycènes où Hercule, la tête couronnée d'un rameau de peuplier blanc, fêtait sa liberté nouvelle avec quelques compagnons :

« Hercule ! Viens vite ! Cerbère a rompu sa chaîne et dévore tout se qui se trouve sur son chemin ! Il n'y a plus une seule fesse ni un seul mollet d'entier dans tout le palais. Du fond de son amphore, mon maître te supplie de le débarrasser du fauve infernal. Il te fera cadeau de ce que tu voudras... sauf de son trône !

— Donne-lui un morceau de gâteau au miel, répondit Hercule sans se déranger. Il paraît que ça l'endort !

— Qui ? Mon maître ?... »

Les joyeux convives furent alors emportés par la vague d'un fou rire... homérique, qui, passant par la porte ouverte de l'auberge, déferla sur Mycènes.

Le héros, rendu sans doute indulgent par le vin et la bonne chère, accepta de reconduire chez Hadès cet incorrigible galopin de Cerbère, sans même faire remarquer qu'Eurysthée ne savait décidément pas ce qu'il voulait.

L'histoire ne nous dit pas si cette décision fut du goût du gardien des Enfers. Mais à voir Hercule jurer et transpirer en tirant des deux mains sur la laisse d'acier, et Cerbère freinant des quatre pattes dans une gerbe d'étincelles, ses trois gueules gémissantes, ses six oreilles et sa queue basses, je n'en jurerais pas !...

GABRIEL AYMÉ

Gabriel Aymé est né à Paris en 1935. Après des études de lettres classiques et d'histoire, il entre dans l'édition... et s'y trouve encore ! Au gré des besoins de ses éditeurs, il est tout à la fois lecteur-correcteur, « nègre », responsable de collection, conseiller historique... Sa longue carrière au service de l'écriture des autres l'ayant plutôt dissuadé d'écrire pour lui-même, ce livre apparaît donc comme une curiosité. Et sans doute doit-il le jour essentiellement au fait que son auteur a dirigé, pendant vingt ans, la lecture-correction d'Hachette Jeunesse.

TABLE

« Pour l'éditeur, le principe est d'utiliser des papiers composés de fibres naturelles, renouvelables, recyclables et fabriquées à partir de bois issus de forêts qui adoptent un système d'aménagement durable. En outre, l'éditeur attend de ses fournisseurs de papier qu'ils s'inscrivent dans une démarche de certification environnementale reconnue. »

Composition JOUVE – 53100 Mayenne
N° 298229l
Imprimé en Espagne par LITOGRAFIA ROSÉS S.A. (08850) Gava
32.10.2545.5/02 -ISBN : 978-2-01-322545-8
Loi n° 49-956 du 16 juillet 1949 sur les publications destinées à la jeunesse
Dépôt légal : juin 2008